CONTRATOS DE FRANQUIA

CONTRATOS DE FRANQUIA
ORIGEM, EVOLUÇÃO LEGISLATIVA E CONTROVÉRSIAS

2020

Tatiana Dratovsky Sister

CONTRATOS DE FRANQUIA:
ORIGEM, EVOLUÇÃO LEGISLATIVA E CONTROVÉRSIAS
© Almedina, 2020
AUTOR: Tatiana Dratovsky Sister

DIRETOR ALMEDINA BRASIL: Rodrigo Mentz
EDITORA JURÍDICA: Manuella Santos de Castro
EDITOR DE DESENVOLVIMENTO: Aurélio Cesar Nogueira
ASSISTENTES EDITORIAIS: Isabela Leite e Larissa Nogueira

DIAGRAMAÇÃO: Almedina
DESIGN DE CAPA: Almedina

ISBN: 9786556271231
Dezembro, 2020

Dados Internacionais de Catalogação na Publicação (CIP)
(Câmara Brasileira do Livro, SP, Brasil)

Sister, Tatiana Dratovsky
Contratos de franquia : origem, evolução
legislativa e contravérsias / Tatiana Dratovsky
Sister. -- 1. ed. -- São Paulo : Almedina, 2020.

ISBN 978-65-5627-123-1

1. Contratos (Direito civil) - Brasil 2. Direito
3. Franquias 4. Marca comercial - Brasil I. Título.

20-45986	CDU-34:339.176

Índices para catálogo sistemático:

1. Franquias : Leis : Direito 34:339.176
Aline Graziele Benitez - Bibliotecária - CRB-1/3129

AVISO: O presente trabalho não representa parecer legal ou a opinião de Pinheiro Neto Advogados sobre o assunto tratado, mas apenas de seu autor, para fins acadêmicos.

Este livro segue as regras do novo Acordo Ortográfico da Língua Portuguesa (1990).

Todos os direitos reservados. Nenhuma parte deste livro, protegido por copyright, pode ser reproduzida, armazenada ou transmitida de alguma forma ou por algum meio, seja eletrônico ou mecânico, inclusive fotocópia, gravação ou qualquer sistema de armazenagem de informações, sem a permissão expressa e por escrito da editora.

EDITORA: Almedina Brasil
Rua José Maria Lisboa, 860, Conj.131 e 132, Jardim Paulista | 01423-001 São Paulo | Brasil
editora@almedina.com.br
www.almedina.com.br

Ao meu Bashert, Gabriel Sister, e aos meus filhos Sophie e Mark, que me compreendem e me apoiam incondicionalmente e sem os quais nenhum desafio faria sentido.

Ao meu avô Chaim Szejna Sztutman, Z"L, que, se estivesse entre nós, certamente se orgulharia e vibraria comigo cada conquista.

AGRADECIMENTOS

"Tente mover o mundo – o primeiro passo será mover a si mesmo" (Platão). Motivada por esse pensamento, após mais de 10 anos de graduada, decidi voltar aos bancos da universidade para cursar o Mestrado em Direito Comercial. É assim que apresento meus votos de agradecimento a algumas das pessoas que contribuíram para a elaboração desse estudo que é fruto de minha dissertação defendida na Pontifícia Universidade Católica de São Paulo.

Ao Professor Marcus Elidius Michelli de Almeida, agradeço a paciência, a confiança, o tempo dedicado, bem como as valiosas conversas e as sábias orientações. Aos Professores Maria Eugênia Reis Finkelstein, Paulo Marcos Rodrigues Brancher e Adalberto Simão Filho, pelas estimadas recomendações e críticas apresentadas durante as bancas de qualificação e de defesa, as quais contribuíram sobremaneira para o aprimoramento desse estudo.

Aos meus pais, Gisela Sztutman Dratovsky e Jaime Dratovsky, sempre presentes, nas horas boas e nas horas ruins. À minha "mãe jurídica" Márcia Conceição Alves Dinamarco, que tanto me acolheu quando eu me encontrava nada madura e me mostrou como me apaixonar pela minha profissão.

Ao Fernando Botelho Penteado de Castro, o meu mentor, que por quase duas décadas me inspira e me incentiva no interminável desafio de me aprimorar.

Ao pupilo Vitor Matteucci Ippolito, agradeço todo o esforço para atender os espremidos prazos para localização de edições mais atualizadas dos meus já empoeirados livros. E, finalmente, aos queridos Thiago Del Pozzo Zanelato e Guilherme Schaffer, que me deram aulas sobre o mundo da arbitragem, e Adriano Luiz Batista Messias, que me acompanhou durante toda a jornada no Mestrado.

APRESENTAÇÃO

Foi com grata satisfação que recebi o honroso convite formulado pela mestre Tatiana Dratovsky Sister para escrever a apresentação de seu livro intitulado Contratos de Franquia: origem, evolução legislativa e controvérsias, publicado pela consagrada Editora Almedina.

A autora Tatiana Dratovsky Sister foi minha aluna no mestrado da PUC/SP e fui testemunha de sua competência e dedicação ao longo de todo o curso. Tive também a oportunidade de contar com sua ajuda como assistente de classe nas aulas de graduação de Direito Comercial da PUC, onde desempenhou sua função com maestria e entusiasmo.

A obra ora apresentada aos leitores é a versão final e revisada de seu trabalho para a obtenção do título de Mestre em Direito na Pontifícia Universidade Católica de São Paulo, perante banca examinadora formada por mim e pelos ilustres professores doutores Adalberto Simão Filho e Maria Eugênia Finkelstein.

O trabalho aborda tema de grande importância na atividade empresarial sendo apresentado pela ótica da nova Lei nº 13.966/2019 que disciplina a matéria.

Sendo a autora advogada atuante de um grande escritório paulista, a obra tem a vantagem de tratar a matéria com o viés acadêmico bem como com a visão adquirida em sua vivência e experiência profissional.

A obra tem início com a apresentação histórica do instituto da franquia, bem como suas modalidades, discorrendo sobre o contexto normativo desde o Código Comercial de 1850 até as recentes Lei nº 13.874/2019 e Lei nº 13.966/2019.

Enfrentando questões próprias do contrato de franquia, o trabalho aborda o problema da extinção contratual observando várias situações, entre elas a ausência de perpetuidade nas relações contratuais, a extinção normal do contrato e a invalidação ou dissolução do contrato.

Posteriormente, na parte final de seu estudo, a autora enfrenta ponto de suma importância ao tratar das controvérsias envolvendo o contrato de franquia, observando, inclusive, a importância da arbitragem como meio de solução de disputas e as disputas judiciais.

Percebe-se, assim, que os tópicos mais importantes da franquia são abordados no trabalho de forma técnica e ao mesmo tempo sendo uma leitura leve e pragmática.

Enfrenta os problemas de forma objetiva, apresentando soluções e abordagens próprias para se buscar soluções aos conflitos, sendo de grande utilidade para os profissionais do direito e de clareza para os estudantes.

A importância do texto se dá em razão do momento da entrada em vigor da nova Lei nº 13.966/2019, que passa a disciplinar o Contrato de Franquia com institutos já conhecidos e inovações que devem ser observadas e estudadas.

Por fim, o livro ora editado servirá como base de estudo para aqueles que trabalham com a matéria, bem como os que desejam conhecer mais sobre o tema, tendo a certeza que se tornará em breve um dos trabalhos de referência do tema, razão mais que bastante para externar meus cumprimentos e votos de sucesso à autora!

Marcus Elidius Michelli De Almeida
Mestre e Doutor em Direito pela PUC/SP.
Professor Doutor nos cursos de Graduação e Pós Graduação
Stricto Sensu (Mestrado e Doutorado) da PUC/SP.
Professor Titular de Direito Comercial da FAAP
– Advogado em São Paulo.

PREFÁCIO

Quando se fala em "franquia", fala-se em aprendizado. O contrato é visto, pelo franqueador, como a ampliação da rede e consolidação da marca; e é entendido, pelo franqueado, como o aproveitamento do potencial de um negócio já consolidado – mas, no fundo, do que se trata mesmo é de aprendizado.

Montar um negócio (tecnicamente, "organizar um estabelecimento empresarial") não é tarefa fácil, ao alcance de qualquer um, com capital para investir e imbuído apenas de ferrenha força de vontade. Demanda certas competências. Mais que isso, pressupõe tomar as decisões certas, para se pouparem os amargos custos das erradas.

Não há o empresário que nunca erra; os bem sucedidos também cometeram e cometem erros. Na verdade, o sucesso nos negócios advém da equação simples de *acertar mais que errar*. E não estou nem considerando o fator "sorte", que abate até mesmo os empresários que tomaram muito mais decisões acertadas que equivocadas.

O franqueado deve aprender com os acertos e erros do franqueador. Sem esse ingrediente, o contrato não passa de uma licença de uso de marca. Isso não significa, porém, uma atitude passiva do franqueado, que tem apenas que absorver os ensinamentos do franqueador. O verdadeiro processo de aprendizado não acontece sem a participação ativa de quem aprende. Os dois contratantes devem se envolver, com determinação, no aprendizado, para que o franqueado consiga realmente aproveitar os acertos e erros do franqueador para desenvolver as competências reclamadas pela exploração da atividade empresarial.

O segredo da franquia bem sucedida é a compreensão, de lado a lado, dessa particularidade da relação contratual.

CONTRATOS DE FRANQUIA: ORIGEM, EVOLUÇÃO LEGISLATIVA E CONTROVÉRSIAS

Pois bem. No plano legal, os profissionais sabem que houve mudanças no fim de 2019, trazidas pela Lei n. 13.966; pequenas ou grandes, são mudanças que precisam ser conhecidas. E esta é uma necessidade, de advogados e demais profissionais jurídicos envolvidos com a matéria, para a qual o presente livro é uma excelente indicação.

Sua autora, Tatiana Dratovsky Sister, é advogada com larga experiência nos contratos empresariais. Levou-a, com êxito, para o plano da pesquisa acadêmica, ao eleger a franquia como o tema de sua dissertação de Mestrado, que agora é publicada. Ela obteve o título na Pontifícia Universidade Católica de São Paulo (PUC-SP), sob a orientação competente do meu colega Marcus Elidius Michelli de Almeida. Embora seja um trabalho originariamente destinado à titulação, logo perceberá o leitor que a autora não é daqueles pós-graduandos que parecem enfeitiçados pelas elucubrações demasiadamente teóricas. Ao contrário, às questões práticas propostas, dá respostas práticas, úteis a todos os que buscam as informações indispensáveis para a compreensão do atual direito vigente sobre a franquia.

Fábio Ulhoa Coelho
Professor Titular da PUC-SP

ÍNDICE

AGRADECIMENTOS	7
APRESENTAÇÃO	9
PREFÁCIO	11

INTRODUÇÃO	15

1. CONTRATO DE FRANQUIA — 17

1.1	Origem e evolução	17
1.2	Conceito	21
1.3	Natureza jurídica	27
1.4	Modalidades de franquia	33

2. CONTEXTO NORMATIVO — 37

2.1	Código Comercial de 1850	37
2.2	Lei n. 8.955, de 15 de dezembro de 1994	39
2.3	Código Civil de 2002	48
2.4	Lei n. 13.874, de 20 de setembro de 2019	55
2.5	Lei n. 13.966, de 26 de dezembro de 2019	57

3. EXTINÇÃO CONTRATUAL — 73

3.1	Ausência de perpetuidade nas relações contratuais	73
3.2	Extinção normal do contrato	76
3.3	Invalidação ou dissolução do contrato por motivos anteriores ou concomitantes à sua formação	80
3.4	Dissolução do contrato por causas supervenientes à sua formação	82

CONTRATOS DE FRANQUIA: ORIGEM, EVOLUÇÃO LEGISLATIVA E CONTROVÉRSIAS

4. CONTROVÉRSIAS ENVOLVENDO CONTRATOS
DE FRANQUIA 89
4.1 Linhas gerais 89
4.2 Arbitragem como meio de solução de disputas envolvendo franquia 92
4.3 Disputas judiciais envolvendo contratos de franquia 105

CONCLUSÕES 121

REFERÊNCIAS 127

INTRODUÇÃO

O empresário que ambiciona expandir os seus negócios tem, em regra, três caminhos, a saber: (i) adotar medidas típicas de grandes grupos empresariais, através da constituição concomitante de múltiplos estabelecimentos filiais, o que pressupõe investimentos significativos e empregados aptos a gerenciarem de forma satisfatória unidades em locais distintos e, por vezes, distantes e de difícil controle direto pelo empresário, (ii) tal como fazem os pequenos empreendedores, poderia crescer aos poucos, de modo orgânico, ou seja, poupando parte dos lucros e investindo a outra parte de forma paulatina em novas unidades ou, ainda, (iii) firmar parceria com outros empreendedores interessados em trabalhar com a mesma marca e com os mesmos produtos do empresário.

Entre os principais desafios de quem pretende empreender estão a escolha da atividade a ser exercida, a obtenção de conhecimento sobre o modo de proceder (*know how*) e a avaliação quanto à existência de demanda e do público alvo. Grande parte das pessoas que se aventura na abertura de negócio próprio acaba sucumbindo, ainda nos primeiros anos de exercício, em função do comum desconhecimento dos mecanismos que envolvem a atividade empresária.

De outro tanto, empresas detentoras de produtos e marcas já consolidadas no mercado, por vezes, encontram obstáculos para expandir seus negócios, por faltar-lhes recursos próprios e/ou por dificuldade na gestão de unidades filiais distribuídas em diferentes localidades.

Visando atender às demandas dos empreendedores e das empresas detentoras de produtos, marcas e *know-how*, desenvolveu-se nos Estados Unidos, no final do século XIX, o *franchising*, por nós conhecido como contrato de franquia.

A utilização dessa modalidade de contrato tornou-se cada vez mais numerosa no Brasil, ocasionando muitas vezes problemas entre os contratantes, em função da complexidade da relação negocial. As regras introduzidas pela Lei n. 8.955, de 15 de dezembro de 1994, e que incidem preponderantemente sobre a fase pré-contratual das relações de franquia, proporcionaram mais transparência e sanaram diversos debates. A modernização trazida pela recém sancionada Lei n. 13.966, de 26 de dezembro de 2019, certamente mitigará outras tantas discussões. Porém, como toda parceria contratual, não raro os interesses inicialmente convergentes passam a divergir, culminando com o término do contrato.

No presente estudo, far-se-á uma abordagem inicial a respeito da origem, da evolução e do conceito do contrato de franquia, de sua natureza jurídica e dos tipos de franquia (capítulo 1).

No capítulo 2, será dedicada atenção ao contexto e à evolução normativa envolvendo contratos de franquia no Brasil.

No capítulo 3, serão analisadas as diferentes modalidades de extinção contratual, desde a extinção normal – que ocorre quando o contrato atinge o seu ciclo jurídico de existência –, passando pelas hipóteses de invalidação ou dissolução do contrato por motivos anteriores ou concomitantes à sua formação e de dissolução contratual por causas supervenientes à sua formação.

Mergulhamos, finalmente, no desafio de estudar no capítulo 4 os conflitos decorrentes da execução e da extinção dos contratos de franquia, momento em que serão abordados os mecanismos de solução de controvérsias (*i.e.*, arbitral e judicial) e as soluções aplicadas a casos práticos.

1. CONTRATO DE FRANQUIA

1.1 Origem e evolução

Segundo relata a doutrina, a primeira rede de *franchising* de que se tem notícia teria nascido nos Estados Unidos, em 1851 ou 1852[1],[2], para comercializar máquinas de costura da marca *Singer Sewing Machine*, modalidade em seguida adotada pela *General Motors*, em 1898, e pela *Coca-Cola*, em 1899. Surgiram, então, as *grocery stores* (franquias de mercearias ou mercado de vizinhança) em 1917, que evoluíram para supermercados, seguidas pela *Hertz* – no ramo de locação de veículos –, em 1921, e pela *Texaco*, na década de 1930[3].

A consolidação significativa do sistema de *franchising* ocorreu no período pós Segunda Guerra Mundial, ocasião em que ex-combatentes – com poucos recursos financeiros e desprovidos de conhecimento sobre o mercado

---

[1] CHERTO, Marcelo; CAMPORA, Fernando; GARCIA, Filomena; RIBEIRO, Adir; IMPERATORE, Luís Gustavo. **Franchising**: uma estratégia para a expansão de negócios. São Paulo: Premier Máxima, 2006, pp. 15-20.

[2] Há certa divergência quanto ao ano em que foi estruturado o sistema de franquia para a comercialização das máquinas de costura da marca *Singer Sewing Machine*. É possível encontrar na doutrina relato de que tal sistema teria sido criado em 1892. NEGRÃO, Ricardo. **Curso de direito comercial e de empresa**: títulos de crédito e contratos empresariais. 6. ed. São Paulo: Saraiva, 2017, p. 309.

[3] "Nos Estados Unidos, 90% de todas as companhias de *franchise* existentes em 1970, tinham começado suas atividades em 1954, principalmente no setor de automóveis. Naquele ano, já existiam 30.000 negociantes de carros franqueados e dos 228.000 postos de gasolina, havia 160.000 franqueados, sendo que metade de todos os *franchisees* estavam nestas duas áreas de atividade (fonte: Small Business Reporter, de 2.6.70)." ABRÃO, Nelson. A lei da franquia empresarial (n. 8.955, de 15.12.1994). **Revista dos Tribunais**, v. 722-1995, pp. 25-39, dez.1995. Doutrinas Essenciais de Direito Empresarial, v. 4, pp. 627-652, dez. 2010.

– se socorreram à condição de franqueados para o desenvolvimento de seus negócios[4]. As redes de franquia *Dairy Queen* e *Baskin-Robbins* tiveram início naquela época.

Na década de 1950, houve mais um significativo crescimento do uso de sistema de franquias nos Estados Unidos, ocasião em que o setor de alimentação, a exemplo de *Burger King, McDonald's, KFC* e *Dunkin' Donuts*, passou a atuar fortemente sob o formato de franquia[5].

No Brasil, o sistema de franquias é relativamente recente. Iniciou-se ainda de forma tímida na década de 1960, com as redes de ensino *Yázigi* e *CCAA*[6], seguida da constituição de franquias das marcas *Ellus, Água de Cheiro* e *O Boticário*, na década de 1970. Mas há na doutrina quem relate que a franquia no Brasil teria sido introduzida antes disso, em 1910, por Arthur de Almeida Sampaio, fabricante dos calçados populares *Stella*[7],[8].

---

[4] Fran Martins relata que depois da Segunda Guerra Mundial, "inúmeras pessoas, desmobilizadas de suas atividades, nos campos de batalha ou nas indústrias, procuravam novas oportunidades para firmar-se economicamente. Para aproveitar esse material humano na expansão dos seus negócios, várias empresas descobriram um modo de ligar esses elementos aos seus empreendimentos, passando a oferecer *franquia* (*franchising*) aos que desejavam dedicar-se a esse ramo de atividade." MARTINS, Fran. **Curso de direito comercial**: contratos e obrigações comerciais. 17. ed. Rio de Janeiro: Forense, 2017, p. 393.

[5] CHERTO, Marcelo; CAMPORA, Fernando; GARCIA, Filomena; RIBEIRO, Adir; IMPERATO-RE, Luís Gustavo. *Franchising*: uma estratégia para a expansão de negócios. São Paulo: Premier Máxima, 2006, p. 18.

[6] ALMEIDA, Ana Paula Kummer Oliveira de; ALMEIDA JÚNIOR, José Gerlondson Carneiro de. Contrato de franquia: possíveis problemas da relação contratual. **Revista de Direito Privado**, v. 94, pp. 99-115, out. 2018.

[7] "Nesse regime, os representantes comerciais, que eram selecionados pelo fabricante, passaram a ficar responsáveis pelos investimentos nos pontos de vendas, que se distinguiam pelo título de Calçados Stella. O contrato de revenda era verbal e envolvia não só a promessa de aquisição e fornecimento de quantidades mínimas de calçados, mas também ações promocionais, treinamento e reciclagem." BRAGA, Carlos. D. A. Contrato de franquia empresarial. In: **Tratado de Direito Comercial**, v. 6: estabelecimento comercial, propriedade industrial e direito da concorrência. (coord.) Fábio Ulhoa Coelho. São Paulo: Saraiva, 2015, pp. 169-170.

[8] "No Brasil, foi disciplinado pela Lei n. 8.955, em 1994, embora sua utilização tenha-se iniciado bem antes da sua regulamentação, na década de 1910, quando um fabricante de calçados decidiu ampliar os negócios escolhendo representantes em outras localidades que fariam investimentos com seus próprios recursos, mas utilizariam a marca e a tecnologia desse fabricante." WAISBERG, Ivo. Franquia. In: **Tratado de direito empresarial** – contratos mercantis. v. IV. (coord.) Modesto Carvalhosa. São Paulo: RT, 2018, p. 211.

1. CONTRATO DE FRANQUIA

Passadas algumas décadas, hoje o Brasil ocupa a quarta posição mundial em número de redes franqueadoras, atrás apenas de China, Estados Unidos[9] e Coreia do Sul.

O Brasil conta com a forte atuação da Associação Brasileira de *Franchising* (ABF) em ações de promoção e incentivo do sistema de franquia no país. Trata-se de entidade sem fins lucrativos, criada em julho de 1987, quando havia apenas 11 marcas operando no Brasil no sistema de franquias[10]. Hoje a ABF possui mais de 1.100 associados, compostos por franqueadores, potenciais franqueadores, franqueados, fornecedores e consultores do setor.

Segundo dados divulgados pela ABF[11], em 2019 havia 214 marcas estrangeiras, originadas de 30 países, atuando no Brasil através de redes de franquia. De outro tanto, em 2019[12], 163 marcas brasileiras possuíam operações de franquia distribuídas em 107 países[13].

Quanto aos segmentos que adotam no Brasil a sistemática de franquia, a ABF constatou que, em 2019, 40% das redes instaladas em território nacional atuavam no ramo de alimentação, 19% no ramo de saúde, beleza e bem-estar e 14% com serviços educacionais; as demais franquias estão pulverizadas em atividades relacionadas à moda, serviços automotivos, hotelaria, turismo, comunicação, informática, casa e construção, dentre outros.

Ainda de acordo com dados divulgados pela ABF, o setor de franquias brasileiro registrou crescimento de mais de 6% no terceiro trimestre de 2019, se comparado ao mesmo período de 2018.

Pode-se atribuir o recente crescimento do setor a diversos fatores, entre eles, a maior segurança jurídica causada pela maturidade das discussões na esfera judicial e ao aperfeiçoamento legislativo, a migração de parte da mão de obra empregada para o empreendedorismo e a diversificação da oferta de redes.

---

[9] Segundo Fran Martins, 10% das operações de natureza comercial nos Estados Unidos adotam o sistema de franquia. MARTINS, Fran. **Curso de direito comercial**: contratos e obrigações comerciais. 17. ed. Rio de Janeiro: Forense, 2017, p. 394.

[10] Disponível em: http://www.livroabf.com.br/. Acesso em: 21 maio 2020.

[11] Disponível em: https://www.abf.com.br/numeros-do-franchising/. Acesso em: 24 jan. 2020.

[12] Crescimento de 13%, se comparado a 2018, em que havia 190 redes de franquias estrangeiras instaladas no Brasil.

[13] Crescimento de 12%, se comparado a 2018, em que havia 145 redes de franquias brasileiras instaladas no exterior.

Estima-se que o faturamento anual no setor chegou à R$ 200 bilhões, empregando mais de 1,3 milhão de pessoas, em 2019, e correspondendo a aproximadamente 2,5% do Produto Interno Bruto brasileiro (PIB).

Não fosse a pandemia resultante do Covid-19 que chegou ao Brasil em fevereiro de 2020[14], o ambiente otimista e atraente para o fomento de novos negócios nas semanas iniciais do ano de 2020 – decorrente da recém sancionada Lei n. 13.966, de 26 de dezembro de 2019, em vigor a partir de março de 2020 (Nova Lei de Franquia), e dos princípios legais resgatados pela Lei n. 13.874, de 20 de setembro de 2019 (Lei da Liberdade Econômica) – tinha potencial para superar as previsões para o ano, que apontavam um aumento de 6% no volume de empregos diretos e um incremento de 8% em termos de faturamento[15].

---

[14] Doença respiratória aguda causada pelo coronavírus, identificada inicialmente em Wuhan, na China, em dezembro de 2019 e que rapidamente se espalhou internacionalmente. Em 10 de abril de 2020, o número de pessoas infectadas pelo vírus no mundo já ultrapassava 1,5 milhão e já tinham sido oficialmente registradas ao menos 111 mil mortes em decorrência do vírus. De acordo com informações divulgadas em 14 de abril de 2020, pelo Fundo Monetário Internacional (FMI), o impacto da pandemia de Covid-19 demanda a revisão das estimativas publicadas em janeiro de 2020, quando estava previsto um crescimento global de 3,3%. Para o FMI, não seria desarrazoado esperar uma recessão global de 3% na economia. No Brasil, especificamente, estima-se queda de 5,3%, com possíveis sinais de recuperação em 2021, no pressuposto de que a pandemia atinja o seu ápice no segundo trimestre de 2020 e recue nos 6 últimos meses de 2020. Disponível em: https://www.imf.org/en/Publications/WEO/Issues/2020/04/14/weo-april-2020. Acesso em: 14 abr. 2020.

[15] Segundo informações divulgadas na edição de 30 de junho de 2020 do Estadão, em Caderno especial sobre Franquias, "O Brasil tem 161 mil unidades franqueadas que, juntas, registraram um aumento no faturamento de 0,2% no primeiro trimestre de 2020, atingindo a cifra de R$ 41,5 bilhões. O resultado ainda é reflexo do período pré-covid-19. Embora os números do segundo trimestre ainda não estejam fechados, a Associação Brasileira de Franchising (ABF) já tem um diagnóstico: de cara, e com poucas exceções, as áreas mais abaladas foram turismo, alimentação e educação.".

Ainda de acordo com informações divulgadas pelo Estadão em 30 de junho de 2020, no Caderno especial sobre Franquias, "Pesquisa da Associação Brasileira de Franchising (ABF) sobre o desempenho do setor no primeiro trimestre de 2020 – até o começo da crise sanitária e econômica – mostra resultados positivos nos segmentos de serviços automotivos, tecnológicos, de casa e construção, de limpeza e conservação, educacionais, e de supermercados e farmácias. A preocupação principal, porém, é com o maior mercado de franchising no Brasil, o de alimentação. A comparação é feita com o mesmo período de 2019".

1.2 Conceito

O artigo 1º da Lei n. 13.966, de 26 de dezembro de 2019, que regula o contrato de franquia (Nova Lei de Franquia), traz a seguinte definição para o instituto:

> Esta Lei disciplina o sistema de franquia empresarial, pelo qual um franqueador autoriza por meio de contrato um franqueado a usar marcas e outros objetos de propriedade intelectual, sempre associados ao direito de produção ou distribuição exclusiva ou não exclusiva de produtos ou serviços e também ao direito de uso de métodos e sistemas de implantação e administração de negócio ou sistema operacional desenvolvido ou detido pelo franqueador, mediante remuneração direta ou indireta, sem caracterizar relação de consumo ou vínculo empregatício em relação ao franqueado ou a seus empregados, ainda que durante o período de treinamento.

Trata-se de modalidade contratual cujos traços característicos englobam o uso de uma marca, o formato de negócio, a independência das partes contratantes, o suporte contínuo do franqueador ao franqueado, o interesse econômico comum e o controle pelo franqueador para assegurar certos padrões de qualidade.

Em poucas palavras, diz-se que a sistemática de franquia consiste na estruturação de um canal de distribuição, pelo qual o franqueador, dono de todo o formato do negócio, incluindo a marca e a tecnologia de produção e de distribuição, permite que um terceiro, o franqueado, distribua produtos, serviços e/ou tecnologia ao mercado por meio de um contrato de franquia.

Também comumente denominado pelo termo em inglês *franchising*[16], o sistema de franquia não comporta conceito rígido, mas é definido de formas

---

[16] "O vocábulo franchising provém do inglês franch, que teve origem no francês medieval franc, surgindo o verbo francher, no sentido de outorga de um privilégio, uma forma de autorização ou abandono de servidão. Franchising, particípio passado do verbo franch, constitui um instrumento destinado a fomentar processos de venda e distribuição em série, com características específicas." MARTINS, Sergio Pinto. O *franchising* como forma de terceirização. **Revista de Direito do Trabalho**, v. 95, 996, pp. 33-42, jul.-set. 1996.

diversificadas pela doutrina especializada na recém revogada Lei n. 8.955, de 15 de dezembro de 1994 [17], [18], [19], [20].

Maria Helena Diniz elenca traços característicos de um contrato de franquia, notadamente (i) a presença de duas partes (franqueador e franqueado), (ii) a exploração de uma marca ou produto, com assistência técnica do franqueador, (iii) a independência do franqueado, diante da inexistência de vínculo de subordinação ou empregatício entre ele e o franqueador, (iv) a existência

[17] "[...] a franquia empresarial é o contrato pelo qual o franqueador, de um lado, concede ao franqueado, de outro, a licença de uso de uma marca associada à prestação de serviços de assessoria técnica para a implantação e desenvolvimento de um negócio de comercialização ou industrialização de produtos ou prestação de serviços pelo franqueado, que, por sua vez, compromete-se a fazer tal comercialização de acordo com os padrões de comercialização definidos pelo franqueador." BRAGA, Carlos. D. A. Contrato de franquia empresarial. In: **Tratado de Direito Comercial**, v. 6: estabelecimento comercial, propriedade industrial e direito da concorrência. (coord.) Fábio Ulhoa Coelho. São Paulo: Saraiva, 2015, pp. 173-174.

[18] "o contrato de franquia pode ser definido como aquele por meio do qual um empresário titular de um modelo de negócio empresarial (franqueador) fornece os elementos da organização da empresa, como a marca, e/ou uma patente e/ou tecnologia e/ou *know-how*, entre outros elementos, para o uso de outro empresário (franqueado), prestando-lhe a respectiva assistência técnica para implementação do negócio, mediante pagamento de remuneração." WAISBERG, Ivo. Franquia. In: **Tratado de direito empresarial** – contratos mercantis. v. IV. (coord.) Modesto Carvalhosa. São Paulo: RT, 2018, p. 213.

[19] "podemos conceituar o *franchising* como um sistema onde alguém (franqueador) autoriza um terceiro (franqueado) a explorar os direitos de uso da marca, os direitos de distribuição de produtos e/ou serviços em um mercado definido e os direitos de utilizar um sistema de operação e gestão de um negócio de sucesso. Este é o conceito de *franchising* que nos é dado pelo art. 2º da Lei de Franquias, fixando seus limites e natureza. Não podemos nos afastar, contudo, da conceituação que colamos na introdução deste trabalho, na qual, o *franchising* é uma estratégia para distribuição de produtos e serviços e de expansão territorial, na qual existe a união dos interesses de dois parceiros que trabalham sob um único sistema, buscando o sucesso e lucro mútuo." CREUZ, Luís Rodolfo Cruz e; OLIVEIRA, Bruno Batista da Costa de. Indenização no sistema de franquia empresarial. **Revista dos Tribunais**, São Paulo, v. 852, out. 2006, p. 67.

[20] "Baseados nos elementos que nos fornecem os métodos de comercialização pela franquia, podemos conceituar esta como o contrato que liga uma pessoa a uma empresa, para que esta, mediante condições especiais, conceda à primeira o direito de comercializar marcas ou produtos de sua propriedade sem que, contudo, estejam ligados por vínculo de subordinação. O franqueado, além dos produtos que vai comercializar, receberá do franqueador permanente assistência técnica e comercial, inclusive no que se refere à publicidade dos produtos. Para obter a franquia, em regra o franqueado paga ao franqueador uma taxa inicial, obrigando-se ainda a pagar-lhe importâncias suplementares consistentes em percentagens sobre os produtos vendidos. Por seu lado, o franqueador geralmente assegura ao franqueado exclusividade em certo território, sendo considerado esse o lugar ou a região (cidade, grupo de cidades, estado, grupo de estados) em que o franqueado terá atuação." MARTINS, Fran. **Curso de direito comercial**: contratos e obrigações comerciais. 17. ed. Rio de Janeiro: Forense, 2017, p. 394.

1. CONTRATO DE FRANQUIA

de rede de distribuição de produtos em condições pouco onerosas para o franqueador, (v) a onerosidade do contrato, (vi) a obrigação do franqueado de manter a reputação dos produtos que distribui e (vii) as providências relativas a registros perante o Instituto Nacional da Propriedade Industrial (INPI)[21].

A jurisprudência caminha no mesmo sentido: "O contrato de franquia é, pois, essencialmente, figura de comércio, celebrado por comerciantes para fornecimento de produtos e serviços para terceiros, estes, sim, os destinatários finais" [22], [23], [24].

No contrato de franquia, o franqueador concede ao franqueado: (a) o direito de uso de propriedade industrial (*e.g.*, marca, patente); (b) o direito de distribuição exclusiva ou não exclusiva de produtos ou serviços; e/ou (c) o direito de uso de tecnologia, de métodos de administração e/ou sistema operacional desenvolvidos ou detidos pelo franqueador.

---

[21] DINIZ, Maria Helena. **Curso de direito civil brasileiro** – teoria das obrigações contratuais e extracontratuais. v. 3. 26. ed. São Paulo: Saraiva, 2010, pp. 751-752.

[22] BRASIL. Superior Tribunal de Justiça. Recurso Especial n. 632.958/AL. 4ª Turma. Rel. Aldir Passarinho Junior. 4 de março de 2010.

[23] "A franquia é um contrato em que uma das partes (franqueador) cede à outra (franqueado) o direito de comercializar produtos ou marca de sua propriedade, mediante remunerações previamente ajustadas entre elas (em regra paga-se uma remuneração inicial ao franqueador, a título de filiação, e um percentual periódico sobre os lucros obtidos), sem que estejam ligados por um vínculo de subordinação. A principal característica desse tipo de contrato é a independência jurídica, administrativa e financeira do franqueado, que não é uma filial da empresa franqueadora e não faz parte de nenhum grupo econômico pois a relação é estritamente comercial". BRASIL. Superior Tribunal de Justiça. Recurso Especial n. 1.426.578/SP. 3ª Turma. Rel. Marco Aurélio Belizze. 23 de junho de 2015.

[24] "O contrato de franquia é negócio de risco, mediante o qual há um investimento pelo franqueado visando à expectativa de lucro, com base nas projeções de mercado, cabendo-lhe gerir de forma responsável o empreendimento, para que não resulte com prejuízo.[...] A franquia permite que a empresa franqueadora, com custos reduzidos, atinja diversos pontos-de-venda, fortalecendo sua marca e seu mercado. Também se beneficiam os consumidores finais com a difusão de produtos e serviços. Beneficia-se o franqueado que mantém negócio próprio, com certeza de sucesso, proporcionado pela estrutura e conceito do franqueador. O tomador do negócio investe sem ter que realizar pesados investimentos relativos a estratégias de mercado. Desse modo, o negócio para o franqueado oferece maior segurança. O contrato implica colaboração constante entre franqueador e franqueado, tanto no campo tecnológico, como no econômico, mantendo ambos sua independência jurídica. Com essa colaboração, produz-se um acrescimento [sic] acelerado de ambas as empresas. No entanto, há relevante dependência tecnológica do franqueado em relação ao franqueador, sendo este o ponto mais débil do instituto, em desfavor do franqueado. A franquia no sistema capitalista tem a função de transferência de risco econômico". BRASIL. Tribunal de Justiça do Estado do Rio Grande do Sul. Apelação n. 70034829481. 10ª Câmara Cível. Rel. Túlio de Oliveira Martins. 27 de maio de 2010.

Para Fábio Ulhoa Coelho, a franquia consiste na conjugação de dois contratos: o de *licenciamento de uso de marca* e o de *organização empresarial*.

Ainda segundo as lições de Fábio Ulhoa Coelho, os serviços de organização empresarial normalmente prestados pelo franqueador ao franqueado englobam:

– *engineering*: definição, projeto e execução do *layout* do estabelecimento do franqueado;
– *management*: treinamento de funcionários do franqueado e estruturação da administração do negócio; e
– *marketing*: técnicas de colocação de produtos e/ou serviços a consumidores, englobando estudos de mercado, publicidade, vendas promocionais, lançamento de novos produtos ou serviços etc[25].

A descrição desses diferentes serviços é detalhada também por Jorge Lobo, para quem a franquia pode ter por escopo

> [...] a elaboração de um projeto para construção e reforma das instalações do estabelecimento, mobiliário, cores, maquinaria etc. (*engineering*), o treinamento do pessoal do franqueado e montagem da organização contábil e administrativa (*management*) e o estudo do mercado em potencial, publicidade, vendas promocionais e lançamento de produtos (*marketing*)[26].

Em contrapartida ao direito de distribuir no mercado produtos, serviços e/ou tecnologia, o franqueado sujeita-se a pagamentos ao franqueador, que poderão englobar:

– taxa inicial: também denominada taxa de franquia, paga pelo franqueado normalmente no início da contratação;

---

[25] "Os serviços de organização empresarial que o franqueador presta ao franqueado são geralmente os decorrentes de três contratos, que podem ser tratados autonomamente: a) contrato de *engineering*, pelo qual o franqueador define, projeta ou executa o *layout* do estabelecimento do franqueado; b) o *management*, relativo ao treinamento dos funcionários do franqueado e à estruturação da administração do negócio; c) o *marketing*, pertinente às técnicas de colocação dos produtos ou serviços junto aos consumidores, envolvendo estudos de mercado, publicidade, vendas promocionais, lançamento de novos produtos ou serviços etc." COELHO, Fábio Ulhoa. **Novo manual de direito comercial**. Direito de empresa. 31. ed. São Paulo: RT, 2020, p. 413.

[26] LOBO, Jorge. **Contrato de** *franchising*. Rio de Janeiro: Forense, 1997, p. 26.

1. CONTRATO DE FRANQUIA

– *royalties*: usualmente calculados na forma de um percentual mensal sobre o valor das compras ou das vendas feitas pelo franqueado, ou de um valor fixo mensal ou ainda uma combinação de valores fixo e variável; e

– contribuição para um fundo de *marketing*: destinada a ações de publicidade e de *marketing* comuns a todos os franqueados da rede.

Ou seja, de um lado, o franqueado consegue iniciar suas atividades sem lançar mão de investimentos para consolidar a marca, desenvolver tecnologia e procedimentos gerenciais e administrativos, ao passo que, de outro, o franqueador é compensado financeiramente pela cessão do uso de sua marca sem necessitar realizar novos investimentos em expansão de unidades próprias.

A empresa que pretende constituir uma rede de franquias troca parte significativa de sua independência empreendedora por uma dose maior de segurança de resultados. Para tanto, deve avaliar o custo *versus* o retorno inerentes à criação e ao gerenciamento de uma rede de franquia, se comparada a outras estruturas de cobertura de mercado (*e.g.*, representantes comerciais, distribuidores).

Uma vez constituída a rede de *franchising*, compete ao franqueador gerenciar e evitar conflitos predatórios entre seus franqueados e entre franqueados e eventuais outros canais de vendas dos mesmos produtos ou serviços. Cabe ao franqueador, ainda, preparar-se para possíveis resistências, por parte dos franqueados, à implementação de eventuais inovações no curso do relacionamento contratual entre as partes.

O quadro a seguir descreve alguns dos principais traços característicos do sistema de franquia sob as óticas do franqueador e do franqueado:

	Franqueador	Franqueado
Atuação	– Expansão para novos mercados; – Novas fontes de receita.	– Tendência a menor competição nos casos em que há exclusividade territorial; – Transferência de tecnologia e assistência por parte do franqueador.
Recursos financeiros	– Superação de falta de capacidade interna de financiamento (expansão com fundos de terceiros).	– Previsibilidade quanto às necessidades de capitais fixo e variável para a operação do negócio; – Acesso a estruturas de financiamento e linhas de crédito;

		– Custos iniciais superiores (em função de taxas pagas ao franqueador), se comparados à estruturação de um negócio autônomo, em contrapartida à expectativa de amortização e de obtenção de resultados rápidos.
Oferta e demanda	– Incremento progressivo da escala de produção (quando a atividade envolve produtos); – Aumento do poder de negociação com fornecedores; – Expansão de novos mercados mitigando endividamento; – Aumento da participação de mercado; – Melhor adaptação às características dos mercados locais.	– Entrada em novo mercado com produto já estabelecido, divulgado e aprovado pelos consumidores.
Administração	– Corpo de colaboradores enxuto, com redução de despesas.	– Facilidade no treinamento de equipes; – Ganho de experiência a partir da troca de informações com franqueador e com outros franqueados.

Diante das especificidades envolvendo o contrato de franquia, visando mensurar o risco do negócio, além de avaliar o teor da Circular de Oferta de Franquia (COF) – cujas características serão detalhadas mais adiante –, não raro as partes optam pela celebração de um pré-contrato ou contrato de experiência, pelo qual o candidato a franqueado passa a exercer plena ou parcialmente as atividades que lhe são atribuídas, pagando determinada prestação pecuniária ao franqueador. Findo o prazo de experiência, as partes podem optar por celebrar o contrato definitivo ou encerrar a relação[27].

---

[27] NEGRÃO, Ricardo. **Curso de direito comercial e de empresa**: títulos de crédito e contratos empresariais. 6. ed. São Paulo: Saraiva, 2017, p. 318.

1.3 Natureza jurídica

Conforme relatado, a franquia compreende a colaboração entre duas empresas[28], ligadas por um contrato pelo qual o franqueador concede ao franqueado, mediante o pagamento de quantia e sob determinadas condições, o direito de explorar o mesmo negócio sob a marca e tecnologia do franqueador, mantendo cada uma das empresas a sua respectiva autonomia.

Há quem defenda que o contrato de franquia é um contrato *típico*, por estar regulamentado nas disposições de Lei específica (a atual Lei n. 13.966, de 26.12.2019 – Nova Lei de Franquia), que revogou a Lei n. 8.955, de 15 de dezembro de 1994[29], [30]. Parece-nos ser esta a posição mais acertada.

Há, de outro tanto, quem repute seja o contrato de franquia *atípico*, uma vez que, não obstante sua previsão em lei específica, referida Lei não definiria direitos e obrigações das partes contratantes, mas apenas garantiria ao

---

[28] "Por meio de um contrato de colaboração, o colaborador contratado (comissário, representante, concessionário, franqueado ou distribuidor) se obriga a colocar junto aos interessados as mercadorias comercializadas ou produzidas pelo fornecedor contratante (comitente, representado, concedente, franqueador ou distribuído), observando as orientações gerais ou específicas por este fixadas. [...] A franquia, por outro lado, não diz respeito apenas ao comércio de mercadorias, mas pode se referir a prestação de serviços [...]. A colaboração empresarial pode ser de duas espécies: *por aproximação* ou *por intermediação*. [...] O concessionário e o franqueado são colaboradores por intermediação. Neste caso, não há remuneração por serviços; o colaborador ganha com o resultado positivo de sua atividade empresarial." COELHO, Fábio Ulhoa. **Novo manual de direito comercial**. Direito de empresa. 31. ed. São Paulo: RT, 2020, pp. 406-407.

[29] "Parece-nos que não é possível afirmar que as disposições da lei não se apliquem de forma intensa à formação do contrato e, também, talvez em outra medida, à sua execução, já que prevê um conteúdo mínimo por meio da COF do próprio instrumento contratual, atingindo, inclusive, a própria anulação eventual do contrato. Enfim, em nossa opinião, este conteúdo normativo tem suficiente efeito sobre o contrato para dar a tipicidade ao contrato de franquia. Em razão disso, podemos dizer que se trata de um contrato típico, já que a Lei 8.955/1994 atinge o conteúdo do negócio jurídico que será celebrado entre as partes." WAISBERG, Ivo. Franquia. In: **Tratado de direito empresarial** – contratos mercantis. v. IV. (coord.) Modesto Carvalhosa. São Paulo: RT, 2018, p. 216.

[30] "Após a promulgação da Lei n. 8.955, de 15.12.1994, apesar de controvérsia na doutrina, passou-se a entender que esse contrato adquiriu tipicidade por haver regulação. Cabe ressalvar, contudo, que o conteúdo da legislação cuida mais detidamente da Circular de Oferta de Franquia, que deve ser entregue ao franqueado sob pena de anulabilidade (art. 4º)". MARTINS, Fran. **Curso de direito comercial**: contratos e obrigações comerciais. 17. ed. Rio de Janeiro: Forense, 2017, p. 398.

candidato a franqueado o amplo acesso às informações necessárias para avaliar a conveniência de ingressar em determinada rede de franquia[31], [32].

Não há aparente dissonância na doutrina quanto à qualificação do contrato de franquia como contrato *formal* (pois deve seguir formato escrito e ser assinado na presença de duas testemunhas), *bilateral* ou *sinalagmático* (por gerar obrigações recíprocas), *oneroso* (por se tratar de contrato empresarial), de *execução continuada* (por se prolongar no tempo) e *intuitu personae* (celebrado em função da pessoa contratada)[33], [34].

No que diz respeito à natureza *intuitu personae* do contrato de franquia, Ivo Waisberg destaca a preocupação do franqueador em avaliar características específicas do franqueado "para garantir a qualidade do fornecimento ao consumidor final" e, de outro lado, o direito de o candidato a franqueado ter acesso a informações sobre a rede de franquia antes de contratá-la, especialmente com relação a estimativas de investimento e de retorno financeiro e ao histórico de performance da rede de franqueados nos últimos anos[35].

---

[31] "A lei brasileira sobre franquias não confere tipicidade ao contrato: prevalecem entre franqueador e franqueado as condições, termos, encargos, garantias e obrigações exclusivamente previstos no instrumento contratual entre eles firmado. Procura, apenas, a lei assegurar ao franqueado o amplo acesso às informações indispensáveis à ponderação das vantagens e desvantagens relacionadas ao ingresso em determinada rede de franquia". COELHO, Fábio Ulhoa. **Curso de direito comercial**. v.1. 21. ed. São Paulo: Saraiva, 2017, p. 160.

[32] Álvaro Villaça Azevedo, Washington de Barros Monteiro e Ricardo Negrão também classificam o contrato de franquia como um contrato atípico: AZEVEDO, Álvaro Villaça. **Curso de direito civil**: contratos típicos e atípicos. São Paulo: SaraivaJur, 2019, p. 318; MONTEIRO, Washington de Barros. **Curso de direito civil** – direito das obrigações. 2ª parte. 35. ed. São Paulo: Saraiva, 2007, p. 450; NEGRÃO, Ricardo. **Curso de direito comercial e de empresa**: títulos de crédito e contratos empresariais. 6. ed. São Paulo: Saraiva, 2017, p. 315.

[33] Além de classificar o contrato de franquia como atípico, Álvaro Villaça Azevedo atribui ao contrato de franquia as seguintes qualificações: bilateral, consensual, oneroso, formal e *intuitu personae*. AZEVEDO, Álvaro Villaça. **Curso de direito civil**: contratos típicos e atípicos. São Paulo: SaraivaJur, 2019, p. 318.

[34] Além de classificar o contrato de franquia como atípico, Ricardo Negrão atribui ao contrato de franquia as seguintes qualificações: bilateral, oneroso, de execução continuada e formal. NEGRÃO, Ricardo. **Curso de direito comercial e de empresa**: títulos de crédito e contratos empresariais. 6. ed. São Paulo: Saraiva, 2017, p. 315.

[35] "Além de típico, o contrato de franquia também pode ser classificado como: [...] viii) celebrado *intuitu personae*, uma vez que o franqueador observa certas características específicas do franqueado, para garantir a qualidade do fornecimento ao consumidor final. Por parte do franqueado também há essa preocupação no momento da escolha da franquia a qual pretende aderir. Aliás, a preocupação com este aspecto é tão grande que a própria lei determina que certas características das partes sejam reveladas na circular de oferta de franquia. Assim, diversos dados do franqueador devem ser apresentados, como o seu histórico, balanços e demonstrações financeiras dos últimos

Trata-se, ademais, de contrato qualificado pela doutrina como um contrato *complexo* ou *híbrido*, porque "o *franchising* abrange outros contratos, embora deles se distinga"[36].

Ainda sobre a natureza híbrida do contrato de franquia, a doutrina esclarece:

> [...] o contrato de franquia se apresenta como um complexo negocial muito amplo, possuindo em seu bojo clara aproximação e conteúdo de vários outros contratos típicos e atípicos, como compra e venda, locação, licenciamento de marcas, cessão de *know-how*, assistência técnica, mandato, comissão, prestação de serviços, etc[37].

Franchising não se confunde com representação comercial ou com comissão. Também não é simples licença de uso de marca, uma vez que o franqueador, com a finalidade de implantar e desenvolver o negócio, presta serviços de assessoria e apoio operacional ao negócio do franqueado.

Na doutrina havia quem sustentasse que franquia e concessão comercial seriam sinônimos[38]. Todavia, a maior parte dos autores atualmente sinaliza

---

dois anos. Quanto ao franqueado, essa circular deverá especificar o perfil do franqueado ideal, no que se refere à experiência anterior, nível de escolaridade e outras que o franqueador entender serem importantes;" WAISBERG, Ivo. Franquia. In: **Tratado de direito empresarial** – contratos mercantis. v. IV. (coord.) Modesto Carvalhosa. São Paulo: RT, 2018, p. 216.

[36] MONTEIRO, Washington de Barros. **Curso de direito civil** – direito das obrigações. 2ª parte. 35. ed. São Paulo: Saraiva, 2007, p. 450.

[37] VENOSA, Sílvio de Salvo. **Direito civil**: contratos. 19. ed. São Paulo: Atlas, 2019, pp. 883-889.

[38] "A princípio, no que diz respeito à prática mercantil brasileira, não distinguimos o contrato de concessão comercial do contrato de franquia comercial (franchising). Estamos, todavia, inclinados a admitir, como alguns doutrinadores sustentam, que a franquia comercial constitui um contrato atípico de licença de utilização de marca e a prestação de serviços de organização e métodos de venda. Mas, ainda assim, consideramos que está ele sempre vinculado ao contrato de concessão comercial, nele se integrando como um todo ao lado de contratos típicos de outras naturezas." REQUIÃO, Rubens. Contrato de concessão comercial com exclusividade de postos de revenda de gasolina. **Aspectos modernos de direito comercial**. Cap. VI. Contratos Mercantis. 2. v. São Paulo: Saraiva, 1980, pp. 236-239. Em parecer concedido em 1983, Rubens Requião assim se pronunciou: "O contrato de concessão comercial, que muitos querem diferençado do contrato de franquia, é relativamente de uso recente em nosso país. Já fixei posição, junto à doutrina dos professores europeus, notadamente da França, de considerá-los sinônimos – concessão comercial e franquia comercial. Tão tênues são as possíveis diferenças técnicas encontradas entre eles, que não se torna aqui imperiosa a sua distinção". REQUIÃO, Rubens. Concessão comercial atípica e seus efeitos. In: **Aspectos modernos de direito comercial**. Cap. X. Contratos Mercantis. 3. v. São Paulo: Saraiva, 1986, p. 250.

para diferenças entre essas modalidades contratuais, as quais estariam relacionadas ao grau de independência entre as partes contratantes, à individuação mercadológica (*i.e.*, nome pelo qual o franqueado, licenciado, revendedor, distribuidor ou concessionário é conhecido no mercado) e ao escopo das atividades desenvolvidas (*i.e.*, se limitadas à venda de produtos e/ou serviços ou se ampliadas às atividades de assistência técnica pós-venda) [39], [40].

Estudiosos do tema ainda cuidam de traçar distinções entre franquia e distribuição. Nesse ponto, vale fazer referência às lições de Luiz Felizardo Barroso, para quem a distribuição é a sistemática contratual que viabiliza o fluxo de bens desde a sua concepção até a colocação junto ao público; ao passo

---

[39] "A principal característica do contrato de franquia é a independência do franqueado, com autonomia jurídica e financeira, 'não há qualquer subordinação ou vínculo empregatício'. Franqueadora e franqueado são pessoas jurídicas distintas, com nome e cadastros distintos, mas, com direito do uso da marca, insígnia, nome empresarial, o que gera a identidade da rede de franquia. Da análise da primeira característica é possível distinguir o contrato de franquia, da distribuição, em que o concessionário conserva sua individuação mercadológica, nome pelo qual é conhecido, age com sua firma e denominação social, em seu próprio nome; já no contrato de franquia, não há individuação mercadológica, tudo se passa como se o próprio franqueador estivesse operando o negócio. Como relembra Gian Sardini, das lições de Fábio Konder Comparato, 'o concessionário é simples distribuidor entre o concedente e o público consumidor, enquanto na franquia, o franqueado, pode ser, ele próprio o produtor de bens e o prestador de serviços'. No mesmo sentido, a concessão comercial é o direito de venda, exclusiva ou não, de determinado produto em área geográfica, para que o concessionário proceda à sua revenda, com a finalidade de escoar produtos, fornecidos pelo concedente, para que o concessionário os coloque no mercado consumidor final, agindo sob nome, insígnia, método de gestão empresarial próprios." FRANSCINO, Christiane Macarron. Contrato de franquia. In: **Temas relevantes de direito empresarial**. (coord.) Tatiana Bonatti Peres. Rio de Janeiro: Lumen Juris, 2014, pp. 463-464.

[40] "Muito se aproxima esse contrato de outros, havendo, contudo, pontos que os distanciam. Assim, está ele bem ligado ao contrato de concessão exclusiva, mas dele se destaca porque neste há um monopólio por parte do concessionário, enquanto tal não acontece com a franquia. Também se aproxima do contrato de fornecimento, mas dele também se distancia, pois no fornecimento o fornecedor não é obrigado a prestar assistência, técnica ou comercial, ao comprador, o que ocorre com a franquia. Igualmente, a franquia se aproxima do simples contrato de distribuição, feito pelos comerciantes por meio de agentes ou sucursais espalhadas em vários recantos. Em tal caso, as sucursais são dependentes das empresas produtoras ou distribuidoras das mercadorias e os agentes ou representantes são simples intermediários nas vendas. O franqueado é, como se disse, independente e age em nome próprio, e não como representante do produtor. A este se liga apenas porque dele recebeu o direito de comercializar o produto, franqueado muitas vezes usando do nome, título do estabelecimento do franqueador ou sua insígnia, de modo a induzir o consumidor a adquirir o produto com a mesma certeza de autenticidade que o adquiriria do próprio produtor. É, assim, o contrato de franquia autônomo, muito embora seja um produto híbrido de outros contratos." MARTINS, Fran. **Curso de direito comercial**: contratos e obrigações comerciais. 17. ed. Rio de Janeiro: Forense, 2017, pp. 397-398.

1. CONTRATO DE FRANQUIA

que a franquia compreende sistemática mais complexa, pela qual o franqueador aproveita-se da boa reputação e da notoriedade da marca do franqueador, além de ter acesso a um conjunto de metodologias empresariais e de técnicas de administração criadas pelo franqueador.

No tocante às diferenças entre franquia e licenciamento, Luiz Felizardo Barroso ressalta que o franqueador exerce maior controle sobre as atividades do franqueado, se comparado ao licenciador em relação ao licenciado. Em contrapartida, o franqueado teria a prerrogativa por mais demandas junto ao franqueador, no que concerne ao desenvolvimento do negócio[41].

O contrato de franquia tem, destarte, natureza jurídica mista ou híbrida, na medida em que resulta da combinação dos mais diversos contratos empresariais, como compra e venda empresarial, licença para exploração de marcas e patentes, mandato mercantil, concessão mercantil, dentre outros.

Por fim, no tocante à paridade contratual, o contrato de franquia comumente é considerado um contrato *por adesão*, pois o franqueador estabelece diversas políticas, métodos e estratégias de mercado que devem ser seguidos pelo franqueado em prol da prosperidade do negócio[42] (popularmente denominada "receita de sucesso").

Todavia, alguns ainda o consideram um contrato *de adesão*[43].

Ambas as modalidades (*i.e.*, contratos *por adesão* ou *de adesão*) possuem cláusulas contratuais pré-definidas; porém, o contrato de adesão é marcado pela dependência econômica do contratado em relação ao contratante, de tal sorte que a parte não possa deixar de firmar o contrato, caracterizando um monopólio de fato ou de direito que elimina a concorrência a realizar o negócio jurídico. Na ausência deste pressuposto, o contrato será *por adesão*, distinção explicitada por Humberto Theodoro Júnior[44].

---

[41] BARROSO, Luiz Felizardo. **Franchising**: modificações à lei vigente – estratégia e gestão. Rio de Janeiro: Forense, 2003, pp. 137-139.

[42] LOBO, Jorge. **Contrato de *franchising***. Rio de Janeiro: Forense, 1997, p. 32.

[43] "O contrato de franquia é como um contrato de adesão." FINKELSTEIN, Maria Eugênia. **Manual de direito empresarial**. 8. ed. São Paulo: Atlas, 2016, p. 325.

[44] "O contrato *de adesão*, em sentido próprio, provém de uma proposta formulada à coletividade, no dizer de Saleilles, proposta que o aderente, por imperiosa necessidade de contratar, não tem condições práticas de recusar. Sua adesão é inevitável. Já em outros casos, o destinatário da proposta, embora não tenha como impor alterações ao seu teor, não está forçado a se vincular. Adere, apenas, se for de sua conveniência e interesse. Nessa última hipótese, fala-se em contrato *por adesão*, mas não propriamente em contrato *de adesão*." THEODORO JÚNIOR, Humberto; MELLO, Adriana Mandim Theodoro de. **Contratos de colaboração empresarial**. Rio de Janeiro: Forense, 2019, pp. 287-292.

Alguns doutrinadores defendem que os conceitos de contrato *de adesão* e *por adesão* teriam sido fundidos com o advento do Código de Defesa do Consumidor [45], [46]. Em julgado do Superior Tribunal de Justiça sobre a validade de cláusula compromissória de arbitragem em contrato de franquia, a Ministra Relatora Nancy Andrighi adotou esse entendimento[47].

Contudo, não parece desarrazoado afirmar que o contrato de franquia, porquanto empresarial, não se sujeita ao Código de Defesa do Consumidor, mantendo a pertinência da distinção[48], [49]. Nessa esteira, ao tecer duras críticas ao julgado, Haroldo Malheiros Duclerc Verçosa ressalta: "há franquias que nascem por adesão e há franquias em que isto não acontece. De tal forma que a generalidade da decisão foi completamente equivocada"[50].

Outros não assumem posição rígida. É o caso, por exemplo, de Sílvio de Salvo Venosa, que classifica o contrato de franquia como "geralmente de adesão"[51].

No mesmo sentido, Luciano Benetti Timm sustenta que a análise deve ser feita partindo do caso concreto[52].

---

[45] BRASIL. Lei n. 8.078. Diário Oficial da União. Brasília: 11 de setembro de 1990.

[46] TIMM, Luciano Benetti; SOUZA DIAS, Lucas de. Arbitragem nos contratos de franquia. **Revista Brasileira de Arbitragem**, v. 6, n. 21, jan.-mar., 2009, p. 42.

[47] BRASIL. Superior Tribunal de Justiça. Recurso Especial n.1.602.076/SP. 3ª Turma. Rel. Nancy Andrighi. 15 de setembro de 2016.

[48] "É certo que o Código de Defesa do Consumidor, em seu art. 54 e parágrafos, fundiu as duas noções de contrato de e por adesão, submetendo ambas a um regime jurídico único. O contrato de distribuição, todavia, não está sob o regime do aludido diploma legal, visto que as vendas realizadas entre o fabricante e o distribuidor não configuram operação de consumo. Ao contrário, conforme já se afirmou anteriormente, consubstancia contrato entre profissionais, em perfeitas condições de analisar a conveniência de cada uma das cláusulas, de negociá-las na medida do possível, de recusá--las ou de vir mesmo a não contratar." THEODORO JÚNIOR, Humberto; MELLO, Adriana Mandim Theodoro de. **Contratos de colaboração empresarial**. Rio de Janeiro: Forense, 2019, pp. 288.

[49] No mesmo sentido: BRASIL. Tribunal de Justiça do Estado de Santa Catarina. Apelação Cível n. 2012.070971-0. 2ª Câmara de Direito Comercial. Rel. Luiz Fernando Boller. 17 de março de 2015.

[50] VERÇOSA, Haroldo Malheiros Duclerc. O STJ e a natureza jurídica do contrato de franquia. **Revista dos Tribunais**, v. 976, pp. 75-84, fev. 2017.

[51] VENOSA, Sílvio de Salvo. **Direito civil**: contratos. 19. ed. São Paulo: Atlas, 2019, p. 883.

[52] "A nossa posição quanto ao contrato de franquia ser ou não de adesão é, sem dúvida, reconhecer uma situação apriorística de assimetria de informações em favor do franqueador, que, em caso de eventuais disputas, deve fazer a prova do esclarecimento do franqueado em sua circular de oferta de franquia. Sobre a natureza de adesão, entendemos que a discussão deve ser feita caso a caso, à luz de cada circunstância negocial, não se devendo tomar posição apriorística. Vale dizer, se antes da assinatura do contrato houve realmente o debate em relação às cláusulas, com significativa e real possibilidade de negociação, o contrato deve ser considerado paritário. Porém, se somente houve a aceitação do franqueado, este será de adesão, aplicando-se as regras do Código Civil." TIMM, Luciano Benetti; SOUZA DIAS, Lucas de. Arbitragem nos contratos de franquia. **Revista Brasileira de Arbitragem**, v. 6, n. 21, jan.-mar., 2009, p. 44.

1. CONTRATO DE FRANQUIA

Essa vertente casuística é reforçada pela jurisprudência consolidada entre as Câmaras Reservadas de Direito Empresarial do Tribunal de Justiça do Estado de São Paulo, que normalmente atribuem ao contrato de franquia a condição de negócio jurídico paritário (*i.e.*, em que as partes livremente negociam as suas condições)[53].

As consequências dessa classificação não são meramente teóricas. Possuem impacto, em especial, quando suscitada abusividade de cláusulas e quando avaliadas as condições pactuadas no contrato, especialmente em disputas provenientes da extinção não amigável de parcerias contratuais. Esse tema será mais adiante comentado no capítulo 4 no qual trataremos de disputas envolvendo contratos de franquia submetidas a procedimentos arbitrais.

1.4 Modalidades de franquia

São várias as modalidades de franquia mencionadas pela doutrina[54].

No intuito de melhor organizá-las, adota-se aqui a classificação proposta por Adalberto Simão Filho, que as divide entre gêneros, tipos e formas[55].

---

[53] As Câmaras Reservadas de Direito Empresarial do Tribunal de Justiça do Estado de São Paulo tendem a manter a validade de cláusulas de eleição de foro ou compromissórias de arbitragem pactuadas em contratos de franquia, ao fundamento de que a relação jurídica consubstanciada no contrato de franquia seria paritária:
BRASIL. Tribunal de Justiça do Estado de São Paulo. Agravo de Instrumento n. 2162910-76.2019.8.26.0000. Rel. Grava Brazil, 2ª Câmara Reservada de Direito Empresarial. 20 de setembro de 2019; BRASIL. Tribunal de Justiça do Estado de São Paulo. Agravo de Instrumento n. 2263210-80.2018.8.26.0000, Rel. Cesar Ciampolini, 1ª Câmara Reservada de Direito Empresarial. 15 de agosto de 2019; BRASIL. Tribunal de Justiça do Estado de São Paulo. Agravo Interno no Agravo de Instrumento n. 2131373-67.2016.8.26.0000 Rel. Francisco Loureiro, 1ª Câmara Reservada de Direito Empresarial, 10 de agosto de 2016; BRASIL. Tribunal de Justiça do Estado de São Paulo. Agravo de Instrumento n. 2073806-15.2015.8.26.0000, Rel. Francisco Loureiro, 1ª Câmara Reservada de Direito Empresarial, j. 24.6.2015; BRASIL. Tribunal de Justiça do Estado de São Paulo. Apelação Cível n. 0064745-55.2011.8.26.0114, Rel. Maia da Cunha, 1ª Câmara Reservada de Direito Empresarial. 24 de junho de 2015; BRASIL. Tribunal de Justiça do Estado de São Paulo. Apelação Cível n. 1088591-58.2013.8.26.0100, Rel. Ramon Mateo Júnior, 2ª Câmara Reservada de Direito Empresarial, 16 de março de 2015.

[54] Vide, a título exemplificativo, as classificações indicadas em: NEGRÃO, Ricardo. **Curso de direito comercial e de empresa**: títulos de crédito e contratos empresariais. 6. ed. São Paulo: Saraiva, 2017, p. 314.

[55] SIMÃO FILHO, Adalberto. *Franchising*: aspectos jurídicos e contratuais. São Paulo: Atlas, 1993, pp. 43-50.

Os gêneros de franquia são classificados conforme a dinâmica da sua condução. Enquanto na modalidade tradicional, o franqueado revende os produtos do franqueador, ou presta serviços nos moldes desenvolvidos por ele, sem que o franqueador exerça forte ingerência sobre o franqueado, no que diz respeito a procedimentos e gestão; na franquia empresarial (*business format franchise*, "franquia de negócio formatado" ou "BFF"), há intensificação da colaboração entre o franqueado e o franqueador, levando ao que alguns denominam semi ou quase integração dos negócios[56].

Na franquia empresarial, o franqueador cede direitos de propriedade intelectual e *know-how* e métodos de gestão empresarial, por vezes impondo o *layout* do estabelecimento e oferecendo treinamento e assistência ao franqueado[57]. Além disso, são características marcantes da franquia empresarial o auxílio e a supervisão mais rígida pelo franqueador sobre todo o sistema de operação e de administração do negócio, o que mitiga, em certa medida, a autonomia do franqueado[58], mas que em seu favor se reverte[59].

Quanto aos tipos de franquia – isto é, a atividade desenvolvida pelo franqueador –, é relevante destacar (i) a franquia de serviços; (ii); a franquia de distribuição; (iii) a franquia de produção; e (iv) a franquia de indústria.

Na franquia de serviços, o franqueado presta serviços conforme os padrões desenvolvidos pelo franqueador. Por um lado, o consumidor é atraído por um serviço com conhecidos padrões de qualidade e de atendimento. Por outro, o franqueado adquire modelo de negócios consolidado no mercado,

---

[56] "[...] característica marcante do contrato de *franchising* é a criação de relações de colaboração econômica entre empresas independentes, em que o franqueador dispõe da técnica, e os franqueados dos meios materiais para operar o negócio, de forma que se pode mesmo falar de uma semi integração de suas atividades". CRETELLA NETO, José. **Do contrato internacional de franchising**. Rio de Janeiro: Forense, 2000, p. 32. No mesmo sentido: THEODORO JÚNIOR, Humberto; MELLO, Adriana Mandim Theodoro de. **Contratos de colaboração empresarial**. Rio de Janeiro: Forense, 2019, pp. 362-363.

[57] SIMÃO FILHO, Adalberto. **Franchising**: aspectos jurídicos e contratuais. São Paulo: Atlas, 1993, p. 44.

[58] WAISBERG, Ivo. Contratos mercantis. In: CARVALHOSA, Modesto (coord.). **Tratado de direito empresarial**. v. IV. 2. ed. São Paulo: RT, 2018, p. 214.

[59] "Eis a razão pela qual o direito considera legítimo o controle (ou a dominação econômica) que o fornecedor exerce sobre a empresa franqueada. Há nesse controle uma finalidade legítima, de utilidade econômica, e que traz benefícios à comunidade como um todo". THEODORO JÚNIOR, Humberto; MELLO, Adriana Mandim Theodoro de. **Contratos de colaboração empresarial**. Rio de Janeiro: Forense, 2019, p. 364.

incrementando as chances de prosperidade e de retorno do investimento por si realizado[60].

Na franquia de distribuição, o franqueador produz os produtos a serem comercializados pelo franqueado ou escolhe algumas empresas que deverão fabricá-los. Nesse tipo de franquia, o franqueado está obrigado a adquirir os produtos do franqueador ou de quem este indicar, devendo distribuir esses produtos, tal como determinado pelo franqueador.

Já a franquia de produção consiste na fabricação, pelo franqueado, de mercadorias desenvolvidas originalmente pelo franqueador e que serão comercializadas pelo franqueado ou por terceiro.

Por último, a franquia de indústria, bastante assemelhada à franquia de produção, distingue-se desta última na medida em que os produtos são fabricados nas exatas especificações do franqueador, que deve prover todas as informações necessárias para tanto (*know-how, know-why* e tecnologia)[61].

Os tipos descritos acima, tanto puros como combinados entre si (*franchise misto*[62]), podem ser conduzidos de acordo com diferentes formas de sistemas de *franchising*, a saber: (i) franquia *master* (também conhecida como "franquia--mestre", "franquia-piloto" ou *master franchising*); (ii) *area development franchise*; e (iii) *corner franchising*.

A primeira, muito utilizada na expansão de negócios para outros países, é a franquia-mestre. Pela franquia-mestre, o franqueador estabelece uma relação com um parceiro ("*master* franqueado" ou "subfranqueador") que, por sua vez, será incumbido de expandir o negócio estabelecendo a rede de franquias através de contratos a serem firmados com outros franqueados ("subfranqueados") ou por conta própria[63].

Dessa maneira, um franqueador se aproveita da experiência comercial de um parceiro do país alvo e minimiza a sua exposição às cortes e regras de um sistema jurídico com o qual possui pouca ou nenhuma familiaridade. Além disso, a escolha de um master-franqueado experiente em determinado

---

[60] LEITE, Roberto Cintra. **Franquia na criação de novos negócios**. São Paulo: Atlas, 1990, p. 33.

[61] De acordo com as lições de Jorge Lobo, o *know-how* consiste na técnica de comercialização e industrialização dos produtos, já o *know-why* é formado pelas técnicas de engenharia de produção e do método para a correta e adequada construção e operação da fábrica. LOBO, Jorge. **Contrato de *franchising***. Rio de Janeiro: Forense, 1997, p. 27.

[62] SIMÃO FILHO, Adalberto. ***Franchising***: aspectos jurídicos e contratuais. São Paulo: Atlas, 1993, p. 47.

[63] WAISBERG, Ivo. Franquia. In: **Tratado de direito empresarial** – contratos mercantis.v. IV. (coord.) Modesto Carvalhosa. São Paulo: RT, 2018, p. 219.

mercado permite, com mais facilidade, realizar adaptações na relação comercial, o que pode ser fundamental para o sucesso da operação em um outro país[64].

A franquia-mestre encontra, inclusive, menção expressa na Lei n. 13.966/2019. O artigo 5º da Lei dispõe que as mesmas regras aplicáveis à relação entre franqueador e franqueado devem reger a relação de subfranquia. Além disso, dado o seu caráter muitas vezes internacional, a franquia-mestre sujeita-se com mais frequência a um regime distinto de eleição de foro e lei aplicável.

Outra forma de expansão de negócios em um novo mercado ou região é a utilização da *area development franchise*. Assim como na franquia-mestre, na forma *area development franchise*, o franqueado se torna responsável pelo desenvolvimento do negócio em uma determinada área. O contrato de franquia, contudo, será firmado com o franqueador original[65].

Finalmente, no *corner franchising*, um estabelecimento cede uma parte do seu espaço para promover os produtos franqueados, sistemática comum em lojas de departamento e *shopping centers*, em que determinada marca é promovida em um estande ou seção de loja[66].

---

[64] CRETELLA NETO, José. **Do contrato internacional de *franchising*.** Rio de Janeiro: Forense, 2000, pp. 151-153.

[65] Para Roberto Cintra Leite, na master franquia o subfranqueador não pode explorar a atividade comercial, mas somente subcontratá-la, enquanto na área *development franchise*, o franqueado deve explorá-la em nome próprio. LEITE, Roberto Cintra. **Franquia na criação de novos negócios.** São Paulo: Atlas, 1990, p. 36.

[66] SIMÃO FILHO, Adalberto. ***Franchising*:** aspectos jurídicos e contratuais. São Paulo: Atlas, 1993, p.47; VENOSA, Sílvio de Salvo. **Direito civil:** contratos. 19. ed. São Paulo: Atlas, 2019, p. 886.

2. CONTEXTO NORMATIVO

2.1 Código Comercial de 1850

A Lei n. 556, de 25 de junho de 1850, mais conhecida como Código Comercial, cuja ampla maioria de seus dispositivos já se encontra revogada, não trouxe expressamente quaisquer regras inerentes ao sistema de franquias, até mesmo porque, como relatado, o sistema de franquia chegou ao Brasil somente em 1910 ou 1960.

As bases gerais mercantis trazidas pelo Código Comercial, e que alicerçaram o comercialismo da monarquia brasileira em voga, conceituavam o termo *comerciante* e regulamentavam a então *prática comercial*[67], termos que, a propósito, caíram em desuso com a Lei n. 10.406, de 10 de janeiro de 2002,

---

[67] Fábio Ulhoa Coelho relata que "No Brasil, o Código Comercial de 1850 (cuja primeira parte é revogada com a entrada em vigor do Código Civil de 2002 – art. 2.045) sofreu forte influência da teoria dos atos de comércio. O regulamento 737, também daquele ano, que disciplinou os procedimentos a serem observados nos então existentes Tribunais do Comércio, apresentava a relação de atividades econômicas reputadas *mercancia*. Em linguagem atual, esta relação compreenderia: *a)* compra e venda de bens móveis ou semoventes, no atacado ou varejo, para revenda ou aluguel; *b)* indústria; *c)* bancos; *d)* logística; *e)* espetáculos públicos; *f)* seguros; *g)* armação e expedição de navios." COELHO, Fábio Ulhoa. **Novo manual de direito comercial**. Direito de empresa. 31. ed. São Paulo: RT, 2020, pp. 43-44.

atual Código Civil, pelo qual o comerciante se tornou empresário e o comércio deu lugar à empresa[68],[69].

Apesar de introduzir no sistema jurídico brasileiro as primeiras bases comerciais, o Código Comercial não abordou operações comerciais de alta complexidade, a exemplo daquelas originadas em 1989, quando da abertura econômica brasileira, durante o Governo do ex-presidente Fernando Collor de Mello, sucedida pelas gestões de Itamar Franco e Fernando Henrique Cardoso.

Trata-se de período que coincide com o *boom* das franquias no Brasil.

Muitos anos sucederam desde o início da vigência do Código Comercial até que fossem aprovadas leis tratando especificamente de contratos comerciais, a exemplo da Lei n. 4.886, de 9 de dezembro de 1965, que regulamentou contratos de representação comercial, seguida pela Lei n. 6.729, de 28 de novembro de 1979[70], que dispõe sobre a concessão comercial entre produtores e distribuidores de veículos automotores de via terrestre, e pela Lei n. 8.955, de 15 de dezembro de 1994, que finalmente regulamentou o sistema de franquias.

O contexto das atividades comerciais sofreu também forte impacto pelas regras trazidas pela Constituição Federal de 1988, pela já mencionada Lei n. 8.078, de 11 de setembro de 1990, que dispõe sobre a proteção do consumidor, e pela Lei n. 8.884, de 11 de junho de 1994, que dispõe sobre a prevenção

---

[68] "As defasagens entre a teoria dos atos de comércio e a realidade disciplinada pelo Direito Comercial – sentidas especialmente no tratamento desigual dispensado à prestação de serviços, negociação de imóveis e atividades rurais – e a atualidade do sistema italiano de bipartir o direito privado começam a ser apontadas na doutrina brasileira nos anos 1960. Principalmente depois da adoção da teoria da empresa pelo Projeto de Código Civil de 1975 (ela tinha sido também lembrada na elaboração do Projeto de Código das Obrigações, de 1965, não convertido em lei), os comercialistas brasileiros dedicam-se ao seu estudo, preparando-se para as inovações que se seguiriam à entrada em vigor da codificação 'unificada' do direito privado, prometida para breve. Mas, o projeto tramitou com inesperada lentidão. Durante um quarto de século, enquanto pouca coisa ou nada acontecia no Congresso e a doutrina comercialista já desenvolvia suas reflexões à luz da teoria da empresa, alguns juízes começaram a decidir processos desconsiderando o conceito de atos de comércio – embora fosse este ainda o do direito positivo, porque vigorava a parte primeira do Código Comercial. [...] Em suma, pode-se dizer que o direito brasileiro já incorporara – nas lições da doutrina, na jurisprudência e em leis esparsas – a teoria da empresa, mesmo *antes* da entrada em vigor do Código Civil. Conclui-se a demorada transição quando do início da vigência deste." COELHO, Fábio Ulhoa. **Novo manual de direito comercial**. Direito de empresa. 31. ed. São Paulo: RT, 2020, p. 44.

[69] O Código Civil não conceituou diretamente a empresa, mas em seu artigo 966 definiu como empresário "quem exerce profissionalmente atividade econômica organizada para a produção ou a circulação de bens ou de serviços".

[70] Conforme alterada pela Lei n. 8.132, de 26 de dezembro de 1990.

e a repressão às infrações contra a ordem econômica, cujas disposições foram revogadas e substituídas pela Lei n. 12.529, de 30 de novembro de 2011.

2.2 Lei n. 8.955, de 15 de dezembro de 1994

Antes da promulgação da lei que, por quase três décadas, regulamentou as franquias, foram apresentados dois projetos de lei, um de n. 1.526/1989, de autoria do Deputado Ziza Valadares, que não foi aceito pela Comissão de Economia, Indústria e Comércio em 1990; e outro de n. 167/1990, de autoria do Senador Francisco Guimarães Rollemberg, reeditado sob o n. 265/1991, que também foi rejeitado e arquivado por falta de interesse em meados de 1991.

Diante da inquestionável relevância da franquia empresarial no Brasil para o crescimento econômico, para o aumento da competitividade e para a geração de empregos no país, em 15 de dezembro de 1994 foi finalmente promulgada a Lei n. 8.955/1994, conhecida como Lei Magalhães Teixeira, em homenagem a seu autor.

A Lei n. 8.955/1994 trouxe em seus 11 artigos os pilares básicos do *franchising*. Trata-se do primeiro dispositivo normativo federal diretamente concernente ao tema.

A Lei n. 8.955/1994 tinha como objetivo precípuo garantir ao candidato a franqueado acesso a informações relevantes sobre a franquia, informações essas que deveriam ser apresentadas pelo franqueador por escrito e avaliadas pelo candidato antes de celebrar o contrato e de efetuar qualquer pagamento relacionado ao negócio.

A mencionada Lei não tinha por enfoque regular o relacionamento entre o franqueador e seus franqueados depois do contrato firmado, mas elencar as obrigações e os direitos aplicáveis ao momento que antecede sua celebração. É o que nos Estados Unidos se denomina *disclosure statute*, ou seja, uma lei que obriga alguém a desvendar ou divulgar algo a outrem:

> Sem dúvida, a situação de higidez a que chegamos pode ser creditada ao diploma legal vigente, do tipo denominado no direito norte-americano *disclosure statute*. Ou seja, encerrando normas que não regulam propriamente o conteúdo de determinada relação jurídico-contratual, mas, tão-somente, impõem o dever de transparência nesta relação[71].

---

[71] BARROSO, Luiz Felizardo. *Franchising*: modificações à lei vigente – estratégia e gestão. Rio de Janeiro: Forense, 2003, p. 5.

Cumpre notar que não é apenas no Brasil que o legislador deu mais enfoque às regras pré-contratuais destinadas a resguardar a transparência entre as partes antes de decidirem por se vincular em parcerias de *franchising*.

De modo geral, ordenamentos jurídicos internacionais não regulamentam específica e detalhadamente o conteúdo de contratos de franquia. Eles tratam somente de alguns aspectos sensíveis do sistema de *franchising*, como, por exemplo, do dever de transparência entre as partes contratantes na fase de elaboração do contrato, além de questões relativas à defesa da concorrência e à proteção do consumidor [72], [73], [74].

A Lei n. 8.955/1994 trouxe em seu artigo 2º a definição do que se entendia por franquia empresarial:

> Art. 2º Franquia empresarial é o sistema pelo qual um franqueador cede ao franqueado o direito de uso de marca ou patente, associado ao direito de distribuição exclusiva ou semi-exclusiva de produtos ou serviços

[72] "Nos Estados Unidos, país de maior desenvolvimento do instituto, a produção legislativa pautou-se, principalmente, no interesse da proteção aos consumidores. Ademais, encontram-se, por lá, leis estaduais que disciplinam o *franchising* no que tange: (i) ao conteúdo das informações prévias que devem ser fornecidas pelo franqueador ao franqueado; (ii) à necessidade de registro do franqueador em órgãos públicos; (iii) ao conteúdo das cláusulas contratuais, e (iv) à regulação dos aspectos antitrustes da contratação. Na França, também predominam as regras imperativas para a fase pré-contratual. Destaca-se a orientação que 'qualquer pessoa que venda produtos ou serviços, ligada por um acordo de franquia a um franqueador, deve avisar o consumidor de sua qualidade de empresa independente, de maneira legível e visível, no conjunto dos documentos informativos, especialmente de natureza publicitária, bem como no interior e no exterior do local de venda'. No âmbito da Comunidade Europeia, o tratamento do franchising restringe-se aos aspectos concorrenciais. Nesse sentido, foi editado pela Comissão Europeia o Regulamento n. 4.087/88, que define as condições em que podem ser contratadas as franquias sem que elas possam ser consideradas como ofensivas às estruturas de livre mercado." BRAGA, Carlos. D. A. Contrato de franquia empresarial. In: **Tratado de Direito Comercial**, v. 6: estabelecimento comercial, propriedade industrial e direito da concorrência. (coord.) Fábio Ulhoa Coelho. São Paulo: Saraiva, 2015, pp. 170-171.

[73] "Nos Estados Unidos, onde se originou o contrato de franquia, a lei federal não conceitua o instituto, mas regula a oferta pública de franquia, com intuito de proteger a boa-fé de pessoas inescrupulosas que vendem negócios inexistentes, determinando as condições mínimas que deve reunir a oferta de franquia e as sanções civis e criminais aplicadas. Dentre as informações, deve ser informada a rentabilidade da franquia". FRANSCINO, Christiane Macarron. Contrato de franquia. In: **Temas relevantes de direito empresarial**. (coord.) Tatiana Bonatti Peres. Rio de Janeiro: Lumen Juris, 2014, p. 462.

[74] "A maior parte dos países não adota legislação específica sobre a franquia, exceto os Estados Unidos, porque preferem em geral trabalhar com a autonomia da vontade das partes e manuais de associações de franqueadores." MARTINS, Fran. **Curso de direito comercial**: contratos e obrigações comerciais. 17. ed. Rio de Janeiro: Forense, 2017, p. 394.

2. CONTEXTO NORMATIVO

e, eventualmente, também ao direito de uso de tecnologia de implantação e administração de negócio ou sistema operacional desenvolvidos ou detidos pelo franqueador, mediante remuneração direta ou indireta, sem que, no entanto, fique caracterizado vínculo empregatício.

Como se vê, a Lei n. 8.955/1994 estabeleceu expressamente que a relação entre franqueador e franqueado não constitui vínculo empregatício[75].

No entanto, vale nesse ponto ressaltar que se, na prática, no relacionamento entre franqueador e franqueado estivessem presentes características típicas de uma relação de emprego (como pessoalidade, continuidade, exclusividade, subordinação e remuneração fixa), tal relação poderia restar excepcionalmente configurada. Com efeito, o Tribunal Superior do Trabalho possui julgados reconhecendo a existência de relação de trabalho se houver a terceirização da atividade fim, o que enseja a responsabilidade do franqueador com base na Súmula 331 do Tribunal Superior do Trabalho [76], [77].

---

[75] "Uma característica desse método de comercialização é o fato de não estarem os franqueados ligados ao franqueador por um vínculo empregatício. Daí falar-se como elemento característico da franquia a independência do franqueado, isto é, sua autonomia econômica e jurídica, integrando ele à rede de distribuição dos produtos mas não participando da empresa distribuidora. Tal característica não inibe o poder de fiscalização do franqueador, já que o franqueado 'vai surgir aos olhos do consumidor como uma extensão da empresa do franqueador'." MARTINS, Fran. **Curso de direito comercial**: contratos e obrigações comerciais. 17. ed. Rio de Janeiro: Forense, 2017, p. 393.

[76] Nesse sentido: BRASIL. Tribunal Superior do Trabalho. Recurso de Revista n. 312-74.2014. 5.17.0005, 3ª Turma, Rel. Min. Mauricio Godinho Delgado. 23 de março de 2018; BRASIL. Tribunal Superior do Trabalho. Recurso de Revista n. 102-95.2010.5.04.0014. 2ª Turma. Rel. Min. Delaíde Miranda Arantes. 30 de junho de 2017; BRASIL. Tribunal Superior do Trabalho. Agravo de Instrumento em Recurso de Revista n. 177-60.2015.5.09.0325. 5ª Turma. Rel. Min. Antonio José de Barros Levenhagen. 24 de março de 2017; BRASIL. Tribunal Superior do Trabalho. Agravo de Instrumento em Recurso de Revista n. 10799-26.2014.5.18.0054. 6ª Turma. Rel. Min. Kátia Magalhães Arruda. 2 de dezembro de 2016; BRASIL. Tribunal Superior do Trabalho. Agravo de Instrumento em Recurso de Revista n. 1884-09.2012.5.18.0102. 7ª Turma. Rel. Min. Douglas Alencar Rodrigues. 6 de fevereiro de 2015; BRASIL. Tribunal Superior do Trabalho. Agravo em Agravo de Instrumento em Recurso de Revista n. 1254-35.2012.5.18.0010. 2ª Turma Rel. Min. José Roberto Freire Pimenta. 21 de março de 2014.

[77] Súmula 331, IV. "O inadimplemento das obrigações trabalhistas, por parte do empregador, implica a responsabilidade subsidiária do tomador dos serviços quanto àquelas obrigações, desde que haja participado da relação processual e conste também do título executivo judicial".

Ocorre que, em virtude da promulgação da Lei n. 13.429/2017[78], a terceirização da atividade fim passou a contar com amparo legal[79], não podendo mais ensejar a descaracterização do contrato de franquia. Ainda assim, a supressão da autonomia (mesmo que reduzida) do franqueado, por meio de um controle atípico do franqueador, poderia levar à responsabilização trabalhista[80].

A Lei n. 8.955/1994 atribuiu ao franqueador a obrigação de fornecer aos interessados em se tornarem franqueados, por escrito e em linguagem clara e acessível, a denominada Circular de Oferta de Franquia. Trata-se de documento com conteúdo complexo que pressupõe análise cautelosa por parte do interessado em se tornar franqueado.

É por esse motivo que a Lei n. 8.955/1994 determinava fosse a Circular de Oferta de Franquia entregue ao candidato no mínimo 10 dias antes da assinatura do contrato ou do pré-contrato de franquia ou ainda do pagamento de qualquer tipo de taxa ao franqueador (artigo 4º). Conhecido popularmente como prazo "de reflexão", sua inobservância poderia resultar na anulação do contrato de franquia e no direito de o franqueado pleitear a devolução de quantias pagas ao franqueador ou a terceiros por ele indicados (artigo 4º, parágrafo único). O documento integra a validade do contrato principal de franquia, e sua não apresentação pode gerar anulabilidade. Isso porque o instrumento contém todas as prévias informações necessárias para que o franqueado conheça a franquia e saiba, com transparência, das exigências para desempenhar o contrato[81].

A esse respeito, cumpre ponderar que se, de um lado, há a obrigação legal de o franqueador observar o prazo de 10 dias, de outro, deveria também ser resguardado o princípio da boa-fé que não socorreria o franqueado.

---

[78] Lei n. 13.429, de 31 de março de 2017, conhecida como Lei da Terceirização, que alterou dispositivos da Lei n. 6.019, de 3 de janeiro de 1974, que por sua vez dispõe sobre o trabalho temporário nas empresas urbanas, sobre as relações de trabalho na empresa de prestação de serviços a terceiros, entre outros.

[79] Art. 9º, § 3º. "O contrato de trabalho temporário pode versar sobre o desenvolvimento de atividades-meio e atividades-fim a serem executadas na empresa tomadora de serviços".

[80] "Os elementos subordinação e autonomia das partes, para nós, são os essenciais nessa diferenciação, que irão inclusive indicar se a terceirização será válida ou não. Se o grau de subordinação da franqueada a franqueadora for acentuado, não tendo aquela qualquer autonomia na realização dos seus negócios, têm-se caracterizado um contrato de trabalho e não de franquia, principalmente se a primeira for pessoa física". MARTINS, Sergio Pinto. O *franchising* como forma de terceirização. **Revista de Direito do Trabalho**, v. 95, pp. 33-42, jul.-set., 1996, pp. 33-42. Disponível em: https://www.revistadostribunais.com.br. Acesso em: 29 jan. 2020.

[81] MARTINS, Fran. **Curso de direito comercial**: contratos e obrigações comerciais. 17. ed. Rio de Janeiro: Forense, 2017, p. 401.

2. CONTEXTO NORMATIVO

Isso significa dizer que quando o franqueado deixava de alegar o desrespeito ao prazo de reflexão no início do contrato, protelando de forma oportunista esse argumento, criando assim no franqueador a expectativa de que isso não seria objeto de lide, a jurisprudência passou a refutar a alegação tardia do desrespeito ao prazo de reflexão[82].

[82] "Apelação. Ação de nulidade/rescisão contratual c.c. indenização. Sentença de improcedência da demanda principal e de procedência da reconvenção. Apelo dos coautores. Preliminar de deserção afastada. Deferimento da gratuidade processual na origem. Manutenção em grau de recurso. Apelada que não desconstituiu a presunção do art. 99, § 3º, do CPC/15. Mérito. Franquia. Contrato firmado em 17/05/2012, para reparos e reformas na cidade de Cascavel/PR. Em novembro/2013, o ajuste foi rescindido extrajudicialmente, com atribuição recíproca de culpa. COF. Irregularidade afastada. Validade da negociação. Convalidação tácita de contrato inicialmente anulável. Prestações executadas durante considerável período (um ano e meio). Inadimplemento contratual e culpa pela rescisão do ajuste. Teses de falta de suporte/treinamento/transferência de *know how* contra inadimplência de taxas contratuais (*royalties* e marketing). Controvérsia envolvendo a "Doutor Resolve" conhecida deste E. TJSP. Análise casuística da prova documental e oral, produzida após a anulação da primeira sentença por esta E. 1ª Câmara Reservada de Direito Empresarial. Descumprimento, pela apelada, da obrigação de oferecimento de suficiente respaldo aos apelantes, o que inviabilizou o sucesso negocial e deu causa à rescisão do ajuste, por culpa da franqueadora. Precedentes jurisprudenciais. Ação principal procedente em parte. Devolução da taxa inicial de franquia (R$ 50.000,00), atualizada desde o desembolso. Indevido reembolso de outras despesas (*marketing, royalties*, investimento em locação etc.), fruídas durante a vigência contratual. Multa contratual afastada. Previsão da cláusula 18 apenas para rescisão por culpa do franqueado. Inaplicabilidade da pena convencional em desfavor da apelada. Danos morais não configurados. Risco de insucesso comercial que integra a atividade empresarial. Impossibilidade de aplicação analógica do CDC, ausente hipossuficiência dos apelantes. Precedente. Descabe indenizar lucros cessantes pela perda da chance de filiação a outra franquia. Ausente indício razoável, sério e real de maior rentabilidade em outro segmento. A prova do direito deve ser produzida na fase de conhecimento, restringindo-se apenas a aferição de valores à fase de liquidação. Precedente. Demanda reconvencional improcedente. Corolário lógico do resultado da ação principal, não há falar em cobrança, pela apelada, de multa contratual, taxa de *marketing* e *royalties*. Sucumbência recíproca na ação principal. Repartição proporcional das custas e despesas processuais (art. 86 do CPC/15) e arbitramento mútuo de honorários advocatícios (art. 85, §§ 2º e 14, do CPC/15). A apelada arcará com honorário de 10% do valor da condenação. O apelante arcará com honorário de 10% da diferença entre o valor atualizado da causa e da condenação. Sucumbência integral da apelada na demanda reconvencional. Condenação nas custas e despesas processuais, além de honorários advocatícios de 10% do valor atualizado da causa secundária. Apelação parcialmente provida. [...] Pois bem, em relação à COF (fls. 60/82 e 484/486), afasta-se qualquer irregularidade apta a macular a validade da negociação, que perdurou por cerca de um ano e meio. Houve, no máximo, convalidação tácita de contrato inicialmente anulável, vez que as prestações foram executadas reciprocamente entre as partes durante considerável período". BRASIL. Tribunal de Justiça do Estado de São Paulo. Apelação Cível 1000564-58.2015.8.26.0576; Rel. Carlos Dias Motta. 1ª Câmara Reservada de Direito Empresarial. 11 de novembro de 2019. CONTRADITÓRIO E AMPLA DEFESA – Julgamento antecipado da lide – Pedido de remessa dos autos para instalação de audiência para oitiva de testemunhas – Desnecessidade – Suficiência das provas documentais – Inexistência de violação à ampla defesa – Fragilidade dos

CONTRATOS DE FRANQUIA: ORIGEM, EVOLUÇÃO LEGISLATIVA E CONTROVÉRSIAS

O artigo 3º da Lei n. 8.955/1994, de sua parte, descrevia detalhadamente, em seus quinze incisos, as informações que deveriam ser fornecidas pelo franqueador ao interessado em tornar-se franqueado, via Circular de Oferta de Franquia, sempre que este tivesse interesse na implantação de sistema de franquia empresarial. Tais informações englobavam, entre outros aspectos, histórico resumido, forma societária, balanços e demonstrações financeiras da empresa franqueadora relativos aos dois últimos exercícios, descrição geral da franquia, do negócio e das atividades a serem desempenhadas pelo franqueado, bem como total estimado do investimento, valor da taxa de franquia e remuneração periódica[83].

argumentos deduzidos – Recurso improvido. FRANQUIA – "REDE CARTÓRIO FÁCIL" – RESCI-SÃO CONTRATUAL – Pretensão fundada em violação à Lei n. 8.955/64 – Ausência de comprovação da falta de assessoria adequada ou transferência do *know how* pela franqueadora – Entrega da circular de oferta de franquia (COF) sem documentos essenciais – Hipótese de anulação do negócio jurídico – Manutenção da exploração da franquia por mais de ano – Ausência de demonstração de prejuízos advindos da omissão de informações constantes em tais documentos – Convalidação tácita – Boa-fé objetiva – Questionamento judicial da marca – Irregularidade formal que não trouxe prejuízos ao apelante – Sentença mantida – Recurso improvido. Dispositivo: negaram provimento ao recurso. [...] Como se constata, os trâmites da contratação foram respeitados nos termos da Lei n. 8.955/94, observando-se que a Circular de Oferta de Franquia (COF) foi devidamente entregue ao apelante franqueado em observância aos ditames legais. Neste ponto, os documentos de fl. 180-196 dos autos demonstram a efetiva entrega da Circular de Oferta de Franquia em 16 de novembro de 2013, ao passo que o pré-contrato de franquia empresarial foi assinado por ambas as partes em 25 de novembro de 2013 (fl. 197-202). Mesmo que se admita hipoteticamente não ter sido entregue a Circular de Oferta de Franquia com outros documentos, ditos indispensáveis, ainda assim o autor teve tempo mais do que necessário para analisar a viabilidade do negócio jurídico, já que restou incontroverso que o autor franqueado firmou o pré-contrato de franquia (fl. 197-202), que continha informações indispensáveis para o negócio jurídico, não havendo, portanto, que se falar em nulidade do contrato. [...] Daí que, a pretensão autoral para a anulação do contrato imputando ao franqueador descumprimento decorrente do dever de informação (anexo à boa-fé objetiva), representa afirmação contraditória diante da continuidade da atividade empresarial na condição de franqueado, e como visto, até o ajuizamento desta ação o franqueado estava em plena atividade e funcionamento." BRASIL. Tribunal de Justiça do Estado de São Paulo. Apelação Cível 1008784-61.2015.8.26.0506. Rel. Ricardo Negrão. 2ª Câmara Reservada de Direito Empresarial. 6 de fevereiro de 2019.

[83] "Em geral, a oferta da franquia parte do franqueador. Através de publicações em órgãos especializados ou mesmo na imprensa comum, ou por qualquer outro meio de comunicação, o franqueador oferece a pessoas físicas ou jurídicas a concessão da franquia sobre determinados produtos, apresentando as vantagens desse método de distribuição. Cabe ao franqueado, baseado naquela oferta, entender-se com o franqueador para a obtenção da concessão. Cautelas devem ser tomadas por ambas as partes antes da conclusão do contrato. O franqueado deve examinar a situação do franqueador, a qualidade dos produtos, sua aceitação no mercado consumidor, as imposições do franqueador para a concessão da franquia, o território em que pode agir com exclusividade na comercialização. Por sua vez, o franqueador investigará as aptidões do franqueado, sua capacidade

2. CONTEXTO NORMATIVO

Os quatro primeiros incisos do artigo 3º da Lei n. 8.955/1994 descreviam apontamentos que guardavam relação com o franqueador e com o modelo de negócio desenvolvido[84].

A Lei n. 8.955/1994, artigo 3º, V, indicava a obrigatoriedade de a Circular de Oferta de Franquia apresentar o perfil do franqueado ideal, elemento que denota a natureza personalíssima, *intuito personae*, do contrato de franquia[85].

Há franqueadores que exigem a participação direta do franqueado na operação e administração de suas atividades. Trata-se, em algumas hipóteses, de estratégia voltada ao crescimento adequado do negócio. Essa é a razão da disposição contida no inciso VI do artigo 3º da Lei n. 8.955/1994[86].

Os incisos VII e VIII do artigo 3º da Lei n. 8.955/1994 apontam as despesas que devem ser informadas ao candidato a franqueado, que ora ocorrem por meio de investimento (*i.e.*, arquitetura, implantação de sistema, aluguel de equipamentos etc.), ora por meio de taxas (*i.e.*, taxa de publicidade, taxa de *royalties*, taxa de franquia etc.)[87].

---

em comercializar os produtos, sua situação financeira, pedindo referências bancárias etc. Só depois de examinadas essas condições preliminares entram as duas partes em entendimento direto, discutindo as várias cláusulas do contrato que regulará suas relações, cláusulas, como frisamos, bastante variáveis, dado e extenso campo de atuação da franquia". MARTINS, Fran. **Curso de direito comercial**: contratos e obrigações comerciais. 17. ed. Rio de Janeiro: Forense, 2017, p. 397.

[84] "I – histórico resumido, forma societária e nome completo ou razão social do franqueador e de todas as empresas a que esteja diretamente ligado, bem como os respectivos nomes de fantasia e endereços; II – balanços e demonstrações financeiras da empresa franqueadora relativos aos dois últimos exercícios; III – indicação precisa de todas as pendências judiciais em que estejam envolvidos o franqueador, as empresas controladoras e titulares de marcas, patentes e direitos autorais relativos à operação, e seus subfranqueadores, questionando especificamente o sistema da franquia ou que possam diretamente vir a impossibilitar o funcionamento da franquia; IV – descrição detalhada da franquia, descrição geral do negócio e das atividades que serão desempenhadas pelo franqueado;"

[85] "V – perfil do franqueado ideal no que se refere à experiência anterior, nível de escolaridade e outras características que deve ter, obrigatória ou preferencialmente;"

[86] "VI – requisitos quanto ao envolvimento direto do franqueado na operação e na administração do negócio;"

[87] "VII – especificações quanto ao: a) total estimado do investimento inicial necessário à aquisição, implantação e entrada em operação da franquia; b) valor da taxa inicial de filiação ou taxa de franquia e de caução; e c) valor estimado das instalações, equipamentos e do estoque inicial e suas condições de pagamento; VIII – informações claras quanto a taxas periódicas e outros valores a serem pagos pelo franqueado ao franqueador ou a terceiros por este indicados, detalhando as respectivas bases de cálculo e o que as mesmas remuneram ou o fim a que se destinam, indicando, especificamente, o seguinte: a) remuneração periódica pelo uso do sistema, da marca ou em troca dos serviços efetivamente prestados pelo franqueador ao franqueado (*royalties*); b) aluguel de equipamentos ou ponto comercial; c) taxa de publicidade ou semelhante; d) seguro mínimo; e) outros valores devidos ao franqueador ou a terceiros que a ele sejam ligados;"

A Circular de Oferta de Franquia deveria trazer, ainda, a relação de franqueados contratados pelo franqueador, inclusive daqueles que se desligaram nos últimos doze meses[88].

A exclusividade do território era questão a ser delimitada no contrato de franquia. Essa exclusividade, ora ocorreria por raio, ora por região. Sua violação poderia gerar obrigação de restituição por perdas e danos. No mesmo sentido, uma vez delimitado o raio de atuação do franqueado, não poderia este transcender essa barreira[89].

Confiram-se os oportunos comentários da doutrina a respeito da territorialidade nos contratos de franquia:

> O franqueador quase sempre aprova a localização, para a fixação da qual são feitos estudos minuciosos, encarando o ponto comercial sob todos os seus aspectos: facilidade de estacionamento, vizinhança, proximidade de bancos, transporte, facilidade de acesso, até mesmo as horas em que há maior afluência de pessoas[90].

O artigo 3º da Lei n. 8.955/1994 apresenta, ademais, um importante elemento voltado à padronização do negócio. O franqueado estava obrigado a adquirir bens ou serviços apenas de fornecedores homologados. Não havia liberdade, nesse ponto, para escolha de outros fornecedores, salvo raríssimas exceções autorizadas expressamente[91].

O inciso XII, alíneas 'b', 'c', 'd', 'e' e 'f' do artigo 3º da Lei n. 8.955/1994, por sua vez, dispõe sobre a materialização do *know-how*, ou seja, sobre como seria feita a transmissão do *know-how* para o franqueado[92].

---

[88] "IX – relação completa de todos os franqueados, subfranqueados e subfranqueadores da rede, bem como dos que se desligaram nos últimos doze meses, com nome, endereço e telefone;"

[89] "X – em relação ao território, deve ser especificado o seguinte: a) se é garantida ao franqueado exclusividade ou preferência sobre determinado território de atuação e, caso positivo, em que condições o faz; e b) possibilidade de o franqueado realizar vendas ou prestar serviços fora de seu território ou realizar exportações;"

[90] MARTINS, Fran. **Curso de direito comercial**: contratos e obrigações comerciais. 17. ed. Rio de Janeiro: Forense, 2017, p. 400.

[91] "XI – informações claras e detalhadas quanto à obrigação do franqueado de adquirir quaisquer bens, serviços ou insumos necessários à implantação, operação ou administração de sua franquia, apenas de fornecedores indicados e aprovados pelo franqueador, oferecendo ao franqueado relação completa desses fornecedores;"

[92] "XII – indicação do que é efetivamente oferecido ao franqueado pelo franqueador, no que se refere a: a) supervisão de rede; b) serviços de orientação e outros prestados ao franqueado; c) treinamento do franqueado, especificando duração, conteúdo e custos; d) treinamento dos funcionários do

2. CONTEXTO NORMATIVO

Pelo sistema de franquia, o franqueador concede ao franqueado o direito de explorar sua marca. Diante disso, o franqueador estava legalmente obrigado a declarar expressamente a situação da marca perante o Instituto Nacional de Propriedade Industrial[93].

Para proteger o seu *know-how* que, como já relatado, é parte integrante do contrato de franquia, não raro o contrato de franquia contém cláusula de não concorrência, pela qual o franqueado fica impedido de atuar no mesmo setor após o término do contrato[94]. A doutrina defende a razoabilidade da inclusão de cláusula de não concorrência comercial em contratos de franquia, justamente visando proteger o segredo industrial e demais direitos de propriedade intelectual dos franqueadores, reputando-se inclusive como "um meio válido e útil para evitar a 'clonagem' empresarial, preservando, assim, todo o investimento realizado para transformar uma marca em sucesso"[95].

Por fim, a Circular de Oferta de Franquia deveria apresentar um modelo de contrato e pré-contrato com os respectivos anexos[96].

Como se pode observar, as informações veiculadas na Circular de Oferta de Franquia pretendiam primordialmente fornecer aos potenciais franqueados uma visão detalhada da situação financeira do franqueador e dos investimentos e esforços necessários para a implementação e a condução da franquia.

Se as informações contidas na Circular de Oferta de Franquia fossem insuficientes, ou estivessem em desacordo com a verdade, o franqueador estaria sujeito não apenas às penalidades impostas pela própria Lei n. 8.955/1994 (*i.e.*, anulação do contrato e obrigação de ressarcir o franqueado por todos os gastos e investimentos que tenha efetuado com relação à aquisição, implantação, operação e gestão da franquia, acrescidos de correção monetária e de juros), como também poderia configurar infração ao artigo 422 do Código

---

franqueado; e) manuais de franquia; f) auxílio na análise e escolha do ponto onde será instalada a franquia; e g) *layout* e padrões arquitetônicos nas instalações do franqueado;"

[93] "XIII – situação perante o Instituto Nacional da Propriedade Industrial – (INPI) das marcas ou patentes cujo uso estará sendo autorizado pelo franqueador;"

[94] "XIV – situação do franqueado, após a expiração do contrato de franquia, em relação a: a) *know how* ou segredo de indústria a que venha a ter acesso em função da franquia; e b) implantação de atividade concorrente da atividade do franqueador;"

[95] PIRAJÁ, André Bedin; CANESIN, Maria Eugênia Canesin. A cláusula de não concorrência comercial nos contratos de franquia. **Revista de Direito Empresarial**, v. 7, pp. 37-51, jan.-fev., 2015.

[96] "XV – modelo do contrato-padrão e, se for o caso, também do pré-contrato-padrão de franquia adotado pelo franqueador, com texto completo, inclusive dos respectivos anexos e prazo de validade".

Civil. Seus dirigentes ainda poderiam se sujeitar a eventuais medidas de natureza criminal.

Esta sanção era igualmente aplicável ao franqueador que veiculasse informações falsas na Circular de Oferta de Franquia, sem prejuízo das sanções penais cabíveis (artigo 7º).

O artigo 6º versava sobre a habitual forma escrita do contrato de franquia, o qual deve ser assinado perante 2 testemunhas.

Já o artigo 8º delimitava a abrangência territorial da Lei n. 8.955/1994, a qual se aplicava às franquias instaladas e operadas em todo o território nacional brasileiro.

O artigo 9º, por sua vez, estende a abrangência do termo franqueador ao subfranqueador, que passa a ser por ele também designado. Analogamente, disposições atinentes ao franqueado alcançam também o subfranqueado.

Por fim, no contexto histórico da Lei n. 8.955/1994, relevante mencionar o advento, em 1996, da Lei n. 9.279, de 14 de maio de 1996 (Lei da Propriedade Industrial), que dispõe sobre a averbação do contrato de franquia, bem assim do contrato de licença de marca, tema também regulamentado em atos normativos infralegais, emitidos pela Secretaria da Receita Federal e pelo Instituto Nacional da Propriedade Industrial.

2.3 Código Civil de 2002

A Lei n. 8.955/1994 não tratou de diversas questões relativas ao contrato de franquia (*e.g.*, formas de extinção contratual, necessidade de pré-aviso, verbas rescisórias aplicáveis).

Diante das lacunas da Lei n. 8.955/1994, as disposições contidas no contrato de franquia ganharam protagonismo, passando a ditar as regras da relação empresarial mantida entre franqueador e franqueado, dentro dos limites legais traçados especialmente pelos diplomas civil e constitucional.

Com o atual Código Civil (Lei n. 10.406, de 10 de janeiro de 2002), os princípios gerais do direito civil, como é o caso dos princípios da boa-fé e da justiça social, passaram a servir de balizadores para a interpretação dos contratos de franquia.

Nessa esteira, Fran Martins pondera que, em regra,

> direitos e deveres do franqueado e do franqueador são impostos por cláusulas contratuais que se subordinam ao Direito comum [...] Essas cláusulas

2. CONTEXTO NORMATIVO

contratuais são as mais variadas, em virtude mesmo de estar o contrato de franquia ainda em formação[97].

Além de princípios balizadores, o Código Civil trouxe regramento aplicável aos contratos de modo geral (constante nos artigos 421 a 480), o qual incide, quando cabível e na ausência de disposição em lei específica, também sobre os contratos de franquia[98, 99, 100].

Segundo o Código Civil, é preciso conceder pré-aviso razoável em caso de resolução de contrato de trato continuado; determinadas modalidades de

---

[97] MARTINS, Fran. **Curso de direito comercial**: contratos e obrigações comerciais. 17. ed. Rio de Janeiro: Forense, 2017, p. 395.

[98] "A franquia, a exemplo do que se passa com os contratos em geral, pode se encerrar por diversas razões previstas no ordenamento jurídico ou decorrentes do acordo de vontades das partes. Assim, a extinção do vínculo contratual entre franqueadores e franqueados poderá acontecer: a) em razão do adimplemento integral ou do advento de seu termo final; b) pela denúncia unilateral, nos contratos de prazo indeterminado e segundo as causas extintivas estipuladas livremente pelas partes (resilição unilateral); c) através do distrato (art. 472, Código Civil) (resilição bilateral); d) em razão de inexecução da prestação devida (art. 475, Código Civil) (rescisão); e) por impossibilidade superveniente da prestação decorrente de caso fortuito ou força maior; f) por onerosidade excessiva superveniente (art. 478). [...] Bem andou o legislador brasileiro quando, na lei da franquia empresarial, seguiu a tendência europeia, deixando a solução dos problemas surgidos com o fim do contrato a cargo da análise concreta do Judiciário, que, se for o caso, restabelecerá o equilíbrio das partes, através da apuração da responsabilidade civil e segundo os princípios e regras da boa-fé e do abuso do direito". THEODORO JÚNIOR, Humberto; MELLO, Adriana Mandim Theodoro de. **Contratos de colaboração empresarial**. Rio de Janeiro: Forense, 2019, pp. 392-401.

[99] "Cumpre esclarecer, em primeira mão, que é dupla a legislação aplicável no que diz respeito à indenização nos sistemas de franquia. A Lei 8.955/94 trata muito pouco da questão das indenizações (arts. 4º e 7º), o que nos leva a aplicar subsidiariamente o Código Civil para preenchermos as eventuais lacunas. Há também quem defenda a aplicação do Código de Defesa do Consumidor no contrato de franchising, embora radicalmente não concordemos". CREUZ, Luís Rodolfo Cruz e; OLIVEIRA, Bruno Batista da Costa de. Indenização no sistema de franquia empresarial. **Revista dos Tribunais**, São Paulo, v. 852, out. 2006, p. 68.

[100] "[...] Não enxergo fundamento suficiente para pôr o franqueado na cobertura do art. 29 do Código de Defesa do Consumidor. Embora o pressuposto da equiparação seja a mera exposição às práticas comerciais previstas, o contrato de franquia obedece ao disposto em legislação especial que regula estritamente a formação do contrato e regula as sanções possíveis. Em tal cenário, o que se deve aplicar subsidiariamente não é o Código de Defesa do Consumidor que também é lei especial sobre relações de consumo, mas, sim, o Código Civil que é a legislação matriz da disciplina contratual". BRASIL. Superior Tribunal de Justiça. Recurso Especial n. 687.322/RJ. 3ª Turma. Rel. Carlos Alberto Menezes Direito. 21 de setembro de 2006. No mesmo sentido: BRASIL. Tribunal de Justiça do Estado do Rio Grande do Sul. Apelação Cível n. 70052533130. 20ª Câmara Cível. Rel. Rubem Duarte. 23 de outubro de 2013.

CONTRATOS DE FRANQUIA: ORIGEM, EVOLUÇÃO LEGISLATIVA E CONTROVÉRSIAS

resolução podem ensejar o dever de indenizar danos emergentes e lucros cessantes, correspondentes a investimentos realizados e à frustração de resultados decorrentes da resolução que tenha sido implementada de forma abusiva.

A obrigação quanto ao ressarcimento está prevista no artigo 473 do Código Civil. Referido dispositivo legal declara que a denúncia notificada constitui meio lícito de pôr fim a um contrato por tempo indeterminado e é a manifestação da vontade que visa dar ciência da *intentio* de resilir o negócio.

Portanto, as partes contratantes sabem que a qualquer momento um contrato firmado por prazo indeterminado poderá ser desfeito por mera declaração unilateral de vontade:

> [...] se uma das partes fez consideráveis investimentos econômicos para a execução do contrato, a denúncia notificada terá eficácia postergada, pois apenas produzirá efeitos depois de transcorrido o prazo compatível com a natureza e o vulto dos investimentos[101].

Não havendo postergação, prejuízos poderão ser convertidos em perdas e danos, conforme será mais detidamente comentado nos capítulos 3 e 4 deste trabalho[102].

---

[101] DINIZ, Maria Helena. **Código Civil anotado**. 14. ed. São Paulo: Saraiva, 2009, p. 394.

[102] "Resilição unilateral tem caráter de exceção. Um dos efeitos do princípio da obrigatoriedade do contrato é, precisamente, a alienação da liberdade dos contratantes, nenhum dos quais podendo romper o vínculo, em princípio, sem a anuência do outro (v. n. 185, supra). Por isso é que o art. 473 do Código somente em casos excepcionais admite que um contrato cesse pela manifestação volitiva unilateral. O comodato, o mandato, o depósito, pela sua própria natureza, admitem a resilição unilateral. Os contratos de execução continuada, quando ajustados por prazo indeterminado, comportam a cessação mediante a denúncia promovida por um dos contratantes. Assim ocorre no fornecimento continuado de mercadorias, ou em alguns tipos de locação. [...] É preciso ter em vista que os efeitos da resilição unilateral diferem dos da bilateral. Esta importa na extinção do contrato e de suas consequências, tendo por limites as conveniências das partes e os direitos de terceiros. Aquela, não obstante gerar a extinção da relação contratual, compadece-se com a extensão de efeitos do contrato atingido. Por esse motivo é que o parágrafo único do art. 473 do Código determina que se, dada a natureza do contrato, uma das partes houver feito investimentos consideráveis para a sua execução, a denúncia unilateral só produzirá efeitos depois de transcorrido prazo compatível com a natureza e o vulto dos investimentos. Esta é uma novidade do Código de 2002. O legislador poderia ter determinado apenas o pagamento das perdas e danos sofridos pela parte que teve prejuízos com a dissolução unilateral do contrato. Preferiu atribuir uma tutela específica, transformando o contrato, que por natureza poderia ser extinto por vontade de uma das partes, em um contrato comum – passível apenas de distrato –, valendo essa nova regra pelo prazo compatível com a natureza e o vulto dos investimentos". PEREIRA, Caio Mário da Silva. **Instituições de direito civil** – contratos. v. 3. 22. ed. Rio de Janeiro: Forense, 2018, pp. 132-133.

2. CONTEXTO NORMATIVO

Caio Mário da Silva Pereira cuida ainda de destacar que não há um prazo pré-determinado reputado adequado ao retorno dos investimentos realizados por uma das partes para a consecução do contrato de trato continuado. Trata-se de prazo a ser definido caso a caso, de acordo com as especificidades de cada relação contratual[103].

O "prazo compatível" mencionado no parágrafo único do artigo 473 do Código Civil deve ser interpretado como aquele dentro do qual um contratante, no contexto de sua contratação, teria condições razoáveis de obter o retorno dos investimentos realizados, caso exercesse suas atividades a tempo e modo. Até porque, por vezes, uma empresa pode passar anos sem lograr amortizar os investimentos realizados no negócio. Pode, inclusive, nunca conseguir obter o retorno pelos seus investimentos.

O princípio da reparação integral do dano está, por sua vez, positivado no artigo 944 também do Código Civil[104].

A apuração do *quantum* indenizatório no caso de dano material parece mais simples e objetiva, em especial quando comparada ao dano extrapatrimonial, difícil de ser quantificado, e para o qual a equivalência entre dano

---

[103] "Caberá ao juiz determinar, com a ajuda da perícia técnica se necessário, o prazo em que fica suspenso o direito da parte de resilir unilateralmente o contrato sem qualquer motivação específica. O critério legal é o de proporcionar à parte prejudicada pela resilição unilateral a obtenção do objetivo previsto no contrato, de acordo com a natureza do contrato e dos investimentos realizados. [...] Cabe a advertência, no entanto, de que não é a qualquer tipo de contrato que essa regra do parágrafo único do art. 473 tem incidência. Certos contratos, como o mandato, admitem por sua natureza a resilição unilateral incondicional, porque tem fundamento na relação de confiança entre as partes. Nessas hipóteses, deve restar ao prejudicado apenas obter indenização pelos danos sofridos, sem a possibilidade de extensão compulsória da vigência do contrato. Compreende-se na resilição voluntária a declaração unilateral de vontade, manifestada em consequência de cláusula ajustada em contrato bilateral, e que produz as consequências do distrato. A notificação é unilateral, mas a cessação do contrato é efeito da vontade bilateralmente manifestada. Esta circunstância tem mesmo levado alguns autores a tratá-lo como resilição convencional." PEREIRA, Caio Mário da Silva. **Instituições de direito civil** – contratos. v. 3. 22. ed. Rio de Janeiro: Forense, 2018, pp. 133-134.

[104] "Medida de indenização. A indenização deve ser proporcional ao dano moral e/ou patrimonial causado pelo lesante, procurando cobri-lo em todos os seus aspectos, até onde suportarem as forças do patrimônio do devedor, apresentando-se para o lesado como uma compensação pelo prejuízo sofrido sem, contudo, servir de locupletamento indevido ao lesado. Deve haver adequação entre o dano e o quantum indenizatório, dando exatamente a cada um o que é seu, sem que haja enriquecimento do lesado em detrimento do patrimônio daquele que deve reparar o prejuízo e que não poderá sofrer desfalque irregular. Pelo Enunciado n. 379 do Conselho da Justiça Federal (aprovado na IV Jornada de Direito Civil): 'O art. 944, *caput*, do Código Civil não afasta a possibilidade de se reconhecer a função punitiva ou pedagógica da responsabilidade civil'." DINIZ, Maria Helena. **Código Civil anotado**. 14. ed. São Paulo: Saraiva, 2009, p. 640.

CONTRATOS DE FRANQUIA: ORIGEM, EVOLUÇÃO LEGISLATIVA E CONTROVÉRSIAS

e valor indenizatório dá lugar à proporção adequada entre a gravidade do ato danoso e a função pedagógica da indenização aplicada, de modo a desestimular atos danosos equivalentes, seja pelo próprio autor do ato, seja por terceiros[105].

A doutrina é cuidadosa ao comentar a ressalva constante no parágrafo único do artigo 944 do Código Civil, segundo o qual "Se houver excessiva desproporção entre a gravidade da culpa e o dano, poderá o juiz reduzir, equitativamente, a indenização". A indenização não pode exceder o valor do prejuízo causado, sob pena de configuração de enriquecimento sem causa. De outro lado, recomenda-se ao julgador a dosimetria do *quantum* indenizatório, de modo que guarde razoabilidade com a graduação da culpa do agente infrator[106].

[105] "Indenizar é prestar o equivalente, ou seja, deixar a vítima sem o dano que ela sofreu. Embora seja perfeitamente possível a compreensão da noção de indenização quando da reparação por danos patrimoniais, há maior dificuldade em se afirmar a respeito de uma equivalência que deixe a vítima indene dos danos extrapatrimoniais contra ela perpetrados. Na reparação por danos extrapatrimoniais, realça-se a ideia não de equivalência, mas de sanção civil, incumbindo ao julgador fixar um *quantum debeatur* que realmente se caracterize como pena e, ao mesmo tempo, se preste como meio de prevenção contra outras práticas danosas à vítima ou, ainda, em desfavor de terceiros. Funda-se a reparação por danos extrapatrimoniais, pois, em sentido de proteção social, devendo ser prestigiada pelo operador do direito e aplicada de forma condizente, objetivando--se a defesa não somente dos interesses da vítima do evento, como também, por via oblíqua, dos interesses difusos e coletivos. Agindo desse modo, o juiz valoriza o seu papel social e confere um sentido maior ao exercício da função jurisdicional que aquele concebido pela teoria liberal clássica. A obrigação de indenizar submete-se a dois princípios básicos: a extensão do dano e a forma de cumprimento da obrigação." LISBOA, Roberto Senise. **Manual de direito civil** – direito das obrigações e responsabilidade civil. v. 2. 4. ed. São Paulo: Saraiva, 2009, pp. 342-343.

[106] "Redução Equitativa do 'quantum' indenizatório. Havendo desproporção excessiva entre a gravidade da culpa do lesante e o dano sofrido pelo lesado, o órgão judicante poderá reduzir, equitativamente, a indenização (TJRJ, 9ª Câm. Cív., Ap. Cível 2006.001.43948, Rel. Roberto de Abreu Silva, j. 31-10-2006). Ante a impossibilidade de reconstituição natural, na restitutio in integrum, procurar-se-á atingir, como diz De Cupis, uma situação material correspondente, não podendo exceder o valor do prejuízo causado por não se permitir enriquecimento indevido. Deve-se dar ao lesado exatamente aquilo que lhe é devido, sem acréscimo, sem reduções. Mas, pelo parágrafo único do artigo sub examine, se a culpa do lesante não for grave, o magistrado, em caso de responsabilidade civil subjetiva, ao estabelecer o quantum indenizatório, com prudência objetiva, poderá diminuí-lo, equitativamente, aplicando-se a doutrina da graduação da culpa. Será necessária a verificação da graduação da culpa (grave, leve e levíssima) para quantificar o valor indenizatório. 'A possibilidade de redução do montante da indenização em face do grau de culpa do agente estabelecida no parágrafo único do art. 944 do novo Código Civil, deve ser interpretada restritivamente, por representar uma exceção ao princípio da reparação integral do dano, não se aplicando às hipóteses de responsabilidade objetiva' (Enunciado n. 46, aprovado na I Jornada de Direito Civil, promovida, em setembro de 2002, pelo Centro de Estudos Judiciários do Conselho da

2. CONTEXTO NORMATIVO

Cumpre ponderar que, assim como a Lei n. 8.955/1994, o Código Civil também é omisso em vários aspectos, o que ratifica a importância dos termos e condições do contrato celebrado entre franqueador e franqueado, que deve ser interpretado à luz das suas disposições, da vontade das partes, da sua função social e do princípio da boa-fé, dentre outros.

Embora seja fundamental tentar estabelecer as regras da maneira mais clara e completa possível, é importante chamar a atenção para o fato de ser impossível antever todas as possibilidades de inadimplemento contratual na ocasião da elaboração e formação do pacto, tendo em vista a assimetria de informações que envolve as partes nesse momento. Afinal, informações fidedignas e completas sobre os produtos e serviços nem sempre estão disponíveis aos agentes envolvidos na fase de negociação e de formação do vínculo.

Comportamentos ou consequências indesejáveis podem não ser facilmente perceptíveis, *ex ante*. Muitas vezes, o agente deve observar o comportamento da outra parte, para verificar qual deve ser o desenho do contrato, visando especialmente evitar problema no cumprimento do compromisso. Contudo, existem casos em que não se revela possível essa observação direta. Nessa hipótese, deve-se buscar outro elemento que contenha algum dado sobre a ação que não se pode analisar.

O legislador, atento para hipóteses de incompletudes nas legislações especiais e esparsas, decidiu estabelecer três remédios no Código Civil para tentar corrigir desigualdades verificadas no momento da execução de ajustes contratuais.

Assim, no artigo 317 do Código Civil, o legislador incorporou a teoria da imprevisão ao ordenamento jurídico brasileiro, antes aplicável com base na doutrina e na jurisprudência, para franquear à parte lesada o direito de discutir as cláusulas que se tornarem desiguais, em razão de fato imprevisível, visando restabelecer o equilíbrio contratual.

Igualmente, no artigo 478, o Código Civil inovou ao trazer a possibilidade de resolução do contrato (ou revisão), se a prestação de uma das partes se tornar excessivamente onerosa e, em consequência, acarretar vantagem manifestamente indevida para a outra.

Também procurou o legislador resguardar o direito ao equilíbrio, quando introduziu no Código Civil o instituto da lesão, no artigo 157, para os casos

---

Justiça Federal). E, pelo Enunciado n. 380 do Conselho da Justiça Federal, aprovado na IV Jornada de Direito Civil, 'atribui-se nova redação ao Enunciado n. 46 da I Jornada de Direito Civil, com a supressão da parte final: não se aplicando às hipóteses de responsabilidade objetiva'." DINIZ, Maria Helena. **Código Civil anotado**. 14. ed. São Paulo: Saraiva, 2009, p. 641.

em que o contratante se obrigue a arcar com uma prestação da qual não tenha dimensão de sua magnitude.

Importante ressaltar que todos esses remédios podem ser invocados pelo suposto prejudicado, quando presente o requisito da boa-fé objetiva.

O que se pretende com essas medidas de salvaguardas é oferecer a possibilidade de corrigir a previsão contratual incompleta, com o afastamento dos eventos externos que possam afetar o equilíbrio da relação na ocasião da execução dos pactos. Isso se revela essencial, na medida em que as contratações de longo prazo exigem um grau de certeza elevado. Ou seja, os grandes investimentos não se realizam sem a existência de uma garantia razoável de que os compromissos assumidos pelas partes poderão ser executados, no caso de descumprimento voluntário. Porém, nem sempre esses remédios consagrados na cultura jurídica nacional serão suficientes para resolver os problemas decorrentes dos contratos incompletos.

O Código Civil conta, ademais, com importante regulamentação quanto à adoção da modalidade de contrato de franquia denominada "franquia empresarial rural".

O artigo 971 do Código Civil possibilita ao produtor rural tornar-se empresário, equiparando-se juridicamente aos demais empresários em direitos e deveres.

Essa regulamentação, evidentemente, não se refere às empresas rurais constituídas na forma de pessoa jurídica, que já existiam antes do Código Civil de 2002, mas aos profissionais (pessoas físicas) que exercem a atividade agrária como sua principal profissão, a exemplo dos agricultores e dos pecuaristas.

Ao empregar o termo "atividade rural", o artigo 971 trata de "atividade agrária". Muito se debate sobre o conceito de atividade agrária, tendo prevalecido o conceito com origem italiana, segundo o qual, por atividade agrária, entende-se a exploração econômica voltada para a obtenção de proteínas animais ou vegetais, através das práticas da agricultura, pecuária, extrativismo ou pesca[107].

Para o produtor rural tornar-se empresário não basta apenas o exercício da atividade agrária, mas também a inscrição no Registro Público de Empresas Mercantis da respectiva sede, observando-se os dispositivos dos artigos 984 e 1.150 do Código Civil.

---

[107] CARROZZA, Antonio. **Lezioni sul diritto agrario**. Elementi di teoria generale. 2. ed. Milano: Giuffrè, 1988, p. 29.

2. CONTEXTO NORMATIVO

Foi com a possibilidade da aquisição do *status* de empresário, que o Código Civil viabilizou a ampliação do uso do contrato de franquia empresarial rural aos produtores rurais, que podem figurar na condição de franqueadores ou de franqueados.

Embora ainda incipientes, as diversas possibilidades de utilização do contrato de franquia empresarial pelos produtores rurais já são uma realidade e tendem a ser cada vez mais exploradas no âmbito agrário.

De fato, é possível constatar a existência de modelos de franquias empresariais rurais tanto em estruturas que demandam de franqueados investimentos em valores baixos (microfranquias[108]), a exemplo da rede Nutrimais[109], atuante na comercialização de produtos voltados à saúde animal; como em estruturas que demandam de franqueados altos investimentos, como é o caso das redes de franquia constituídas pela Dow Agrosciences[110], na comercialização de produtos utilizados para o controle de pragas por biotecnologia, e pela H2Orta[111], na comercialização de produtos destinados à plantação de hortaliças hidropônicas.

A aplicação prática desse modelo contratual possibilita uma série de vantagens para os contratantes e traz evidentes benefícios à coletividade, na medida em que proporciona oportunidades de geração de renda aos produtores rurais, viabiliza o aumento da oferta de alimentos e demais produtos agrícolas, estimula o empreendedorismo rural e gera receitas tributárias.

Diante dessas vantagens, o uso do contrato de franquia empresarial pelos produtores rurais constitui ferramenta jurídica útil ao agronegócio brasileiro, cuja análise detida não se pretende realizar neste estudo.

2.4 Lei n. 13.874, de 20 de setembro de 2019

Com o objetivo de fomentar o empreendedorismo e a liberdade econômica na sociedade brasileira e de tentar aproximar o Brasil a ambientes de negócios

---

[108] Microfranquia é o nome dado às franquias cujo investimento a ser realizado pelo franqueado não ultrapasse R$ 90.000,00. Trata-se de uma classificação dada pelo mercado e não pela lei. https://www.portaldofranchising.com.br/franquias/o-que-sao-microfranquias/. Acesso em: 17 jul. 2020.

[109] https://nutrimais.ind.br/franquia/?utm_source=google&utm_medium=cpc&utm_campaign=institucional&gclid=EAIaIQobChMI4Mblp8XU6gIVEoSRCh0Fxg-xEAAYASAAEgJDP_D_BwE. Acesso em: 17 jul. 2020.

[110] https://franchisingbook.com.br/franquias/dow-agrosciences. Acesso em: 17 jul. 2020.

[111] http://h2orta.com.br/. Acesso em: 17 jul. 2020.

de países desenvolvidos, a Lei n. 13.874/2019 (Lei da Liberdade Econômica) define diretrizes visando reduzir a intervenção do Estado na economia e traz medidas de controle e de diminuição de burocracia.

A Lei n. 13.874/2019 também traça princípios norteadores: liberdade econômica como garantia para se desenvolver a atividade empresarial; boa-fé do particular perante o poder público; intervenção subsidiária e excepcional do Estado no exercício das atividades econômicas e reconhecimento da vulnerabilidade do particular perante o Estado (artigo 2º).

A Lei n. 13.784/2019 apresenta uma lista de direitos destinados a pessoas físicas e jurídicas, considerando-as essenciais ao desenvolvimento e ao crescimento da economia do país.

Do que interessa para este estudo, destaca-se que os preços de produtos e de serviços, em mercados não regulados, deverão ser livremente definidos por oferta e demanda, desde que respeitadas as regras de direito do consumidor e concorrencial, e que o preço não seja utilizado com a finalidade de reduzir o valor de tributos, postergar sua arrecadação ou como forma de remessa de lucros ao exterior (artigo 3º, III).

A Lei n. 13.784/2019 define o direito de o particular receber tratamento isonômico de órgãos e entidades administrativas, de forma a adotar os mesmos critérios de interpretação de normas para todos os cidadãos (artigo 3º, IV).

A norma estabelece os princípios de boa-fé e *in dubio pro libertatem* a serem aplicados no direito civil, empresarial, econômico e urbanístico (artigo 3º, V). Isso significa que passa a haver uma presunção de boa-fé nos atos da vida privada, de forma a preservar a autonomia privada.

A Lei n. 13.874/2019 também reforça o princípio do *pacta sunt servanda* nas relações empresariais. O propósito é defender as negociações e os arranjos contratuais entre as partes com igual poder de barganha, sendo mínima a intervenção estatal, de forma que as regras do direito empresarial deverão ser aplicadas de maneira subsidiária ao avençado, exceto aquelas de ordem pública (artigo 3º, VIII).

De fato, a Lei n. 13.874/2019 aborda os negócios jurídicos entre particulares, sob novo enfoque. Retoma o modelo adotado pelo Código Civil de 1916, que favorecia o *pacta sunt servanda* (ou seja: o que foi pactuado deve prevalecer).

A interpretação do negócio jurídico deve considerar o comportamento das partes posterior à celebração do negócio; observar usos, costumes e práticas do mercado relativas ao tipo de negócio; observar a boa-fé; aplicar o que for mais benéfico à parte que não redigiu o dispositivo, se identificável; e avaliar qual seria a razoável negociação das partes sobre a questão discutida, inferida das demais disposições do negócio e da racionalidade econômica das partes, consideradas as informações disponíveis no momento da celebração. É nesses termos a nova redação atribuída pela Lei n. 13.874/2019 ao artigo 113 do Código Civil[112].

Ainda, o parágrafo único do artigo 421 do Código Civil estabelece que "nas relações contratuais privadas, prevalecerão o princípio da intervenção mínima, e a excepcionalidade da revisão contratual".

Além disso, as partes contratantes passam a contar com a prerrogativa de determinar parâmetros objetivos para a interpretação de cláusulas negociais e seus pressupostos de revisão, inclusive quanto à alocação de riscos (conforme nova disposição constante no artigo 421-A do Código Civil)[113].

É de se perceber que a Lei n. 13.874/2019 incentiva a segurança jurídica no âmbito de interpretação contratual, ao fomentar a manutenção do que é pactuado pelas partes contratantes, reduzindo a possibilidade de revisão judicial ou arbitral.

2.5 Lei n. 13.966, de 26 de dezembro de 2019

No dia 26 de dezembro de 2019, o Projeto de Lei n. 219/2015 foi sancionado e convertido na Lei n. 13.966/2019, que dispõe sobre o sistema de franquia empresarial e revoga as disposições da Lei n. 8.955/1994 (artigo 9º).

---

[112] "Art. 7º A Lei n. 10.406, de 10 de janeiro de 2002 (Código Civil), passa a vigorar com as seguintes alterações: [...] 'Art. 113. [...] § 1º A interpretação do negócio jurídico deve lhe atribuir o sentido que: I – for confirmado pelo comportamento das partes posterior à celebração do negócio; II – corresponder aos usos, costumes e práticas do mercado relativas ao tipo de negócio; III – corresponder à boa-fé; IV – for mais benéfico à parte que não redigiu o dispositivo, se identificável; e V – corresponder a qual seria a razoável negociação das partes sobre a questão discutida, inferida das demais disposições do negócio e da racionalidade econômica das partes, consideradas as informações disponíveis no momento de sua celebração. § 2º As partes poderão livremente pactuar regras de interpretação, de preenchimento de lacunas e de integração dos negócios jurídicos diversas daquelas previstas em lei.'"

[113] "Art. 421-A. Os contratos civis e empresariais presumem-se paritários e simétricos até a presença de elementos concretos que justifiquem o afastamento dessa presunção, ressalvados os regimes jurídicos previstos em leis especiais, garantido também que: I – as partes negociantes poderão estabelecer parâmetros objetivos para a interpretação das cláusulas negociais e de seus pressupostos de revisão ou de resolução; II – a alocação de riscos definida pelas partes deve ser respeitada e observada; e III – a revisão contratual somente ocorrerá de maneira excepcional e limitada."

A Lei n. 13.966/2019 (Nova Lei de Franquia) foi publicada na edição de sexta-feira, 27 de dezembro de 2019, do Diário Oficial da União, e contou com período de *vacatio legis* de 90 dias (artigo 10º).

Mais uma atualização que revolução, a Nova Lei de Franquia aproveitou a oportunidade legislativa para aprimorar conceitos, aclarar dispositivos legais e introduzir inovações com o intuito de pacificar questões controvertidas.

Relevante destacar as alterações realizadas com o objetivo de aprimorar a menção de institutos de propriedade intelectual no texto legal, inclusive com a inserção de dispositivo que determina a expressa observância da legislação sobre o assunto (artigo 8º).

Conforme abordado, a cessão de uso de uma marca, um método, ou ideia é característica essencial da franquia. A Lei n. 8.955/1994 mencionava a patente e a marca, mas era omissa quanto aos direitos autorais[114]. A Lei n. 13.966/2019 supre essa lacuna, empregando o termo "objetos" ou "direitos de propriedade intelectual" – incluindo, de maneira clara, os direitos autorais no regramento legal da franquia.

Destaca-se, novamente, que a integração entre a propriedade intelectual e a franquia é tamanha que o contrato deve ser arquivado perante o Instituto Nacional da Propriedade Industrial (INPI) para produzir efeito perante terceiros.

A competência do INPI quanto à análise e à aprovação de contratos é estipulada, no quadro legal, pela Lei n. 9.279/1996[115] e por regulamentos emitidos pela Secretaria da Receita Federal e pelo Instituto Nacional da Propriedade Industrial, a exemplo da Instrução Normativa INPI n. 70, de 4 de abril de 2017[116].

---

[114] As marcas e patentes são disciplinas de propriedade industrial, enquanto o direito autoral pertence a campo distinto. Ambas as espécies são bens imateriais provenientes da criatividade dos seus titulares (ou a quem os cederem). Por essa razão, costumam ser reunidas sob o gênero "propriedade intelectual". COELHO, Fábio Ulhoa. **Curso de direito comercial**. v. 1. 21. ed. São Paulo: Saraiva, 2017, p. 176.

[115] "Art. 211. O INPI fará o registro dos contratos que impliquem transferência de tecnologia, contratos de franquia e similares para produzirem efeitos em relação a terceiros."

[116] A Instrução Normativa n. 70, do INPI, foi publicada no DOU em 12.04.2017, regulamenta e simplifica o procedimento administrativo de averbação de licenças e cessões de direitos de propriedade industrial e de registro de contratos de transferência de tecnologia e de franquia. Visando tornar a tramitação dos procedimentos de averbação mais ágeis, bem como reconhecer o princípio da autonomia da vontade, referida Instrução Normativa limita a atuação do INPI, ao qual caberá apenas deferir ou não a averbação solicitada, sem qualquer análise quanto ao conteúdo dos documentos apresentados.

2. CONTEXTO NORMATIVO

O artigo 1º da Nova Lei de Franquia reforça que a franquia não possui natureza consumerista ou de trabalho. Pelo contrário, é um contrato empresarial firmado entre partes qualificadas que exercem atividade econômica em busca (e não garantia) de lucro.

Em relação ao primeiro ponto, o Superior Tribunal de Justiça já possuía entendimento consolidado de que o Código de Defesa do Consumidor não é aplicável aos contratos de franquia[117].

Já no que diz respeito à caracterização de vínculo trabalhista, a questão se mostra mais complexa. A lei anterior já dispunha sobre a inexistência de vínculo trabalhista entre franqueado e franqueador, o que era corroborado pela jurisprudência.

A nova redação do artigo 1º mantém tal entendimento, mas acrescenta que não há vínculo de trabalho com o franqueado (ou seus funcionários), inclusive durante o período de treinamento:

> Art. 1º Esta Lei disciplina o sistema de franquia empresarial, pelo qual um franqueador autoriza por meio de contrato um franqueado a usar marcas e outros objetos de propriedade intelectual, sempre associados ao direito de produção ou distribuição exclusiva ou não exclusiva de produtos ou serviços e também ao direito de uso de métodos e sistemas de implantação e administração de negócio ou sistema operacional desenvolvido ou detido pelo franqueador, mediante remuneração direta ou indireta, sem caracterizar relação de consumo ou vínculo empregatício em relação ao franqueado ou a seus empregados, ainda que durante o período de treinamento.

A garantia, contudo, não é absoluta visto que o contrato de franquia não pode ser utilizado como forma de evadir o cumprimento de obrigações trabalhistas.

Segundo a Lei n. 13.966/2019, artigo 1º, § 2º, podem se utilizar da franquia, independentemente do segmento, as empresas privadas, públicas e as entidades sem fins lucrativos.

Em relação à Administração Pública, a utilização de franquia não é novidade. Pode-se mencionar, como exemplo, o caso dos Correios que, em 1989, lançou projeto para a abertura de agências franqueadas com o objetivo

---

[117] BRASIL. Superior Tribunal de Justiça. Recurso Especial n. 1.602.076/SP, 3ª Turma, Rel. Nancy Andrighi, 15 de setembro de 2016.

CONTRATOS DE FRANQUIA: ORIGEM, EVOLUÇÃO LEGISLATIVA E CONTROVÉRSIAS

de promover uma expansão na cobertura de seus serviços pelo território nacional[118].

O projeto foi efetivo. Contudo, em virtude do ritmo acelerado da expansão, houve uma interrupção para se reavaliar e reestruturar o projeto[119]. Assim, com a Lei n. 9.074, de 7 de julho de 1995[120], o sistema de franquia dos Correios foi suspenso até a promulgação da Lei n. 11.668, de 2 de maio de 2008[121].

Apesar da experiência anterior e da existência de lei específica sobre o assunto no âmbito postal, a franquia no âmbito da Administração Pública nunca dependeu de previsão legislativa[122].

Até porque, a promulgação de legislação para trazer segurança à vida em sociedade não é algo novo. Trata-se de fenômeno frequente e que, embora cause atrasos no desenvolvimento de determinados institutos – pois é sabido que o processo legislativo é mais moroso que as inovações da vida cotidiana, as quais acabam gerando inovações jurídicas não necessariamente dependentes de lei – é, por vezes, um expediente necessário para assegurar sua efetiva utilização.

A Nova Lei de Franquia, destarte, positiva algo que já vinha sendo aceito pela doutrina e verificado na prática, trazendo maior conforto ao gestor

---

[118] AZEVEDO, Aída Helena Cerqueira de. **O sistema de franquia na organização pública** – caso da Empresa Brasileira de Correios e Telégrafos. Dissertação (Mestrado) – Curso de Direito, Escola Brasileira de Administração Pública, Fundação Getúlio Vargas, Rio de Janeiro, 1999, p. 68.

[119] AZEVEDO, Aída Helena Cerqueira de. **O sistema de franquia na organização pública** – caso da Empresa Brasileira de Correios e Telégrafos. Dissertação (Mestrado) – Curso de Direito, Escola Brasileira de Administração Pública, Fundação Getúlio Vargas, Rio de Janeiro, 1999, p. 73.

[120] Art. 1º, § 1º. "Os atuais contratos de exploração de serviços postais celebrados pela Empresa Brasileira de Correios e Telégrafos – ECT com as Agências de Correio Franqueadas – ACF, permanecerão válidas pelo prazo necessário à realização dos levantamentos e avaliações indispensáveis à organização das licitações que precederão à delegação das concessões ou permissões que os substituirão, prazo esse que não poderá ser inferior a de 31 de dezembro de 2001 e não poderá exceder a data limite de 31 de dezembro de 2002".

[121] Art. 1º. § 1º "Sem prejuízo de suas atribuições, responsabilidades e da ampliação de sua rede própria, a Empresa Brasileira de Correios e Telégrafos – ECT poderá utilizar o instituto da franquia de que trata o caput deste artigo para desempenhar atividades auxiliares relativas ao serviço postal, observado o disposto no § 3º do art. 2º da Lei n. 6.538, de 22 de junho de 1978".

[122] "O fato de não haver uma legislação específica disciplinando os contratos de franquia na Administração Pública (salvo os de franquia postal) não impede a adoção do sistema, da mesma forma que a celebração de contratos de concessão sempre foi feita independentemente da existência de lei sobre o assunto, prevista desde a Constituição de 1934 (art. 137)". DI PIETRO, Maria Sylvia Zanella. **Parcerias na Administração Pública**: concessão, permissão, franquia, terceirização, parceria público-privada e outras formas. 9. ed. São Paulo: Atlas, 2012, p. 208.

2. CONTEXTO NORMATIVO

público em optar por essa modalidade contratual na outorga para a exploração de serviços públicos.

A franquia envolvendo a Administração Pública foi objeto do único veto à Lei n. 13.966/2019. O *caput* do artigo 6º assim dispunha:

> As empresas públicas, as sociedades de economia mista e as entidades controladas direta ou indiretamente pela União, Estados, Distrito Federal e Municípios poderão adotar o sistema de franquia, observado o disposto nesta Lei e na Lei n. 8.666, de 21 de junho de 1993 (Lei de Licitações e Contratos), no que couber ao procedimento licitatório.

O veto, contudo, não impede a adoção de franquia pela Administração Pública, nos termos da Nova Lei de Franquia, pois somente objetivou obstar a aplicação da Lei de Licitações (Lei n. 8.666, de 21 de junho de 1993) ao invés do Estatuto das Empresas Estatais (Lei n. 13.303, de 30 de junho de 2016)[123].

A possibilidade de utilização da franquia por entidades sem fins lucrativos tampouco apresenta maiores problemas. Referidas entidades são dotadas de personalidade jurídica, o que lhes permite celebrar contratos, inclusive onerosos, como o contrato de franquia. Afinal, se assim não fosse, seriam impedidas de realizar uma simples operação contratual de venda e compra. Além disso, não lhes é vedado o lucro ou a consecução de atividade econômica, contanto que os proveitos sejam revertidos em favor da atividade fim. Dessa maneira, não haveria razão para que não pudesse se utilizar da franquia, respeitados os limites legais da sua atuação.

É dentro desse modelo que são formadas as denominadas "franquias sociais", as quais utilizam técnicas e ferramentas do *franchising* para expandirem e replicarem projetos sociais. Pela franquia social, o detentor do projeto social transfere o seu conhecimento e oferece apoio a parceiros franqueados para a expansão de forma estruturada e sustentável desse projeto social.[124]

A Lei n. 13.966/2019 – à semelhança da lei sobre franquias que lhe antecedeu – ocupa-se, na sua maior parte, de regulamentar a Circular de Oferta

---

[123] Mensagem de veto. Disponível em: http://www.planalto.gov.br/ccivil_03/_ato2019-2022/2019/Msg/VEP/VEP-730.htm. Acesso em: 29 jan. 2020.

[124] Exemplo de rede de franquia social é o *Formare*, conduzida pela Fundação Iochpe em parceria com empresas de médio e grande portes de diversos setores, que oferece cursos de educação profissional para jovens de baixa renda regularmente matriculados no ensino médio de escolas públicas e com renda familiar per capita de até um salário mínimo. Disponível em: http://formare.org.br/quem-somos/. Acesso em: 16 jun. 2020.

de Franquia. Como já explicitado, esta Circular é um documento anterior à celebração do contrato de franquia, no qual o franqueador deve apresentar diversas características e informações sobre seu negócio e o sistema de franquias por si desenvolvido, a forma de execução, os investimentos necessários, os riscos e as perspectivas previstas e uma minuta do contrato de franquia padrão (ou pré-contrato padrão, se for o caso).

Ao comparar as duas leis, é possível verificar que o legislador utilizou a oportunidade para aclarar e aprimorar alguns conceitos e requisitos. Além disso, também realizou importantes inclusões, tornando a Circular de Oferta de Franquia um documento ainda mais completo e detalhado.

A planilha a seguir destaca as inovações trazidas pela Lei n. 13.966/2019, se comparada às disposições da Lei n. 8.955/1994, no que diz respeito às informações que devem constar na Circular de Oferta de Franquia:

Lei n. 8.955/1994	Lei n. 13.966/2019	Comentários
Art. 3º Sempre que o franqueador tiver interesse na implantação de sistema de franquia empresarial, deverá fornecer ao interessado em tornar-se franqueado uma circular de oferta de franquia, por escrito e em linguagem clara e acessível, contendo obrigatoriamente as seguintes informações:	Art. 2º Para a implantação da franquia, o franqueador deverá fornecer ao interessado Circular de Oferta de Franquia, escrita em língua portuguesa, de forma objetiva e acessível, contendo obrigatoriamente:	A COF deve ser sempre escrita em língua portuguesa. Trata-se de disposição que protege os interesses do candidato a franqueado brasileiro diante de franquia estrangeira.
I – histórico resumido, forma societária e nome completo ou razão social do franqueador e de todas as empresas a que esteja diretamente ligado, bem como os respectivos nomes de fantasia e endereços;	I – histórico resumido do negócio franqueado; II – qualificação completa do franqueador e das empresas a que esteja ligado, identificando-as com os respectivos números de inscrição no Cadastro Nacional da Pessoa Jurídica (CNPJ);	Disposição desmembrada em dois incisos. A expressão "qualificação completa" passa a incluir forma societária, nome completo, endereço, razão social etc., tanto do franqueador, como das empresas a ele ligadas.
II – balanços e demonstrações financeiras da empresa franqueadora relativos aos dois últimos exercícios;	III – balanços e demonstrações financeiras da empresa franqueadora, relativos aos 2 (dois) últimos exercícios;	

2. CONTEXTO NORMATIVO

Lei n. 8.955/1994	Lei n. 13.966/2019	Comentários
III – indicação precisa de todas as pendências judiciais em que estejam envolvidos o franqueador, as empresas controladoras e titulares de marcas, patentes e direitos autorais relativos à operação, e seus subfranqueadores, questionando especificamente o sistema da franquia ou que possam diretamente vir a impossibilitar o funcionamento da franquia;	IV – indicação das ações judiciais relativas à franquia que questionem o sistema ou que possam comprometer a operação da franquia no País, nas quais sejam parte o franqueador, as empresas controladoras, o subfranqueador e os titulares de marcas e demais direitos de propriedade intelectual;	Limitada à indicação de litígios que tenham ligação com o negócio no país. Pretende-se evitar que nos casos de franquias estrangeiras sejam indicadas ações em outros países que não afetem o negócio no Brasil.
IV – descrição detalhada da franquia, descrição geral do negócio e das atividades que serão desempenhadas pelo franqueado;	V – descrição detalhada da franquia e descrição geral do negócio e das atividades que serão desempenhadas pelo franqueado;	
V – perfil do franqueado ideal no que se refere à experiência anterior, nível de escolaridade e outras características que deve ter, obrigatória ou preferencialmente;	VI – perfil do franqueado ideal no que se refere à experiência anterior, escolaridade e outras características que deve ter, obrigatória ou preferencialmente;	
VI – requisitos quanto ao envolvimento direto do franqueado na operação e na administração do negócio;	VII – requisitos quanto ao envolvimento direto do franqueado na operação e na administração do negócio;	
VII – especificações quanto ao: a) total estimado do investimento inicial necessário à aquisição, implantação e entrada em operação da franquia; b) valor da taxa inicial de filiação ou taxa de franquia e de caução; e c) valor estimado das instalações, equipamentos e do estoque inicial e suas condições de pagamento;	VIII – especificações quanto ao: a) total estimado do investimento inicial necessário à aquisição, à implantação e à entrada em operação da franquia; b) valor da taxa inicial de filiação ou taxa de franquia; c) valor estimado das instalações, dos equipamentos e do estoque inicial e suas condições de pagamento;	Suprimida a expressão "taxa de caução", prática há muito em desuso nas relações de franquia.

CONTRATOS DE FRANQUIA: ORIGEM, EVOLUÇÃO LEGISLATIVA E CONTROVÉRSIAS

Lei n. 8.955/1994	Lei n. 13.966/2019	Comentários
VIII – informações claras quanto a taxas periódicas e outros valores a serem pagos pelo franqueado ao franqueador ou a terceiros por este indicados, detalhando as respectivas bases de cálculo e o que as mesmas remuneram ou o fim a que se destinam, indicando, especificamente, o seguinte: a) remuneração periódica pelo uso do sistema, da marca ou em troca dos serviços efetivamente prestados pelo franqueador ao franqueado (*royalties*); b) aluguel de equipamentos ou ponto comercial; c) taxa de publicidade ou semelhante; d) seguro mínimo; e e) outros valores devidos ao franqueador ou a terceiros que a ele sejam ligados;	IX – informações claras quanto a taxas periódicas e outros valores a serem pagos pelo franqueado ao franqueador ou a terceiros por este indicados, detalhando as respectivas bases de cálculo e o que elas remuneram ou o fim a que se destinam, indicando, especificamente, o seguinte: a) remuneração periódica pelo uso do sistema, da marca, de outros objetos de propriedade intelectual do franqueador ou sobre os quais este detém direitos ou, ainda, pelos serviços prestados pelo franqueador ao franqueado; b) aluguel de equipamentos ou ponto comercial; c) taxa de publicidade ou semelhante; d) seguro mínimo;	Ampliados os conceitos, de modo que a remuneração à franqueadora englobe direitos de propriedade intelectual como um todo. O franqueador deve apontar na COF, clara e previamente, valores e índices percentuais cobrados e suas destinações.
IX – relação completa de todos os franqueados, subfranqueados e subfranqueadores da rede, bem como dos que se desligaram nos últimos doze meses, com nome, endereço e telefone;	X – relação completa de todos os franqueados, subfranqueados ou subfranqueadores da rede e, também, dos que se desligaram nos últimos 24 (vinte quatro) meses, com os respectivos nomes, endereços e telefones;	Ampliado o período de 12 para 24 meses, de modo a trazer maior segurança e transparência ao candidato a franqueado.
X – em relação ao território, deve ser especificado o seguinte: a) se é garantida ao franqueado exclusividade ou preferência sobre determinado território de atuação e, caso positivo, em que condições o faz; e b) possibilidade de o franqueado realizar vendas ou prestar serviços fora de seu território ou realizar exportações;	XI – informações relativas à política de atuação territorial, devendo ser especificado: a) se é garantida ao franqueado a exclusividade ou a preferência sobre determinado território de atuação e, neste caso, sob que condições; b) se há possibilidade de o franqueado realizar vendas ou prestar serviços fora de seu território ou realizar exportações;	Esclarecidas as informações sobre a política de atuação territorial e criado dever de o franqueador fornecer informações acerca das regras de concorrência territorial entre unidades próprias e franqueadas.

2. CONTEXTO NORMATIVO

Lei n. 8.955/1994	Lei n. 13.966/2019	Comentários
	c) se há e quais são as regras de concorrência territorial entre unidades próprias e franqueadas;	
XI – informações claras e detalhadas quanto à obrigação do franqueado de adquirir quaisquer bens, serviços ou insumos necessários à implantação, operação ou administração de sua franquia, apenas de fornecedores indicados e aprovados pelo franqueador, oferecendo ao franqueado relação completa desses fornecedores;	XII – informações claras e detalhadas quanto à obrigação do franqueado de adquirir quaisquer bens, serviços ou insumos necessários à implantação, operação ou administração de sua franquia apenas de fornecedores indicados e aprovados pelo franqueador, incluindo relação completa desses fornecedores;	
XII – indicação do que é efetivamente oferecido ao franqueado pelo franqueador, no que se refere a: a) supervisão de rede; b) serviços de orientação e outros prestados ao franqueado; c) treinamento do franqueado, especificando duração, conteúdo e custos; d) treinamento dos funcionários do franqueado; e) manuais de franquia; f) auxílio na análise e escolha do ponto onde será instalada a franquia; e g) *layout* e padrões arquitetônicos nas instalações do franqueado;	XIII – indicação do que é oferecido ao franqueado pelo franqueador e em quais condições, no que se refere a: a) suporte; b) supervisão de rede; c) serviços; d) incorporação de inovações tecnológicas às franquias; e) treinamento do franqueado e de seus funcionários, especificando duração, conteúdo e custos; f) manuais de franquia; g) auxílio na análise e na escolha do ponto onde será instalada a franquia; e h) leiaute e padrões arquitetônicos das instalações do franqueado, incluindo arranjo físico de equipamentos e instrumentos, memorial descritivo, composição e croqui;	Candidato a franqueado deve ser informado, de forma mais aperfeiçoada, sobre as condições apresentadas pelo franqueador no tocante a suporte, supervisão, treinamentos e auxílio em geral.

CONTRATOS DE FRANQUIA: ORIGEM, EVOLUÇÃO LEGISLATIVA E CONTROVÉRSIAS

Lei n. 8.955/1994	Lei n. 13.966/2019	Comentários
XIII – situação perante o Instituto Nacional de Propriedade Industrial – (INPI) das marcas ou patentes cujo uso estará sendo autorizado pelo franqueador;	XIV – informações sobre a situação da marca franqueada e outros direitos de propriedade intelectual relacionados à franquia, cujo uso será autorizado em contrato pelo franqueador, incluindo a caracterização completa, com o número do registro ou do pedido protocolizado, com a classe e subclasse, nos órgãos competentes, e, no caso de cultivares, informações sobre a situação perante o Serviço Nacional de Proteção de Cultivares (SNPC);	Acrescidas expressões que trazem informações mais abrangentes acerca da situação da marca franqueada e da possibilidade de uso ou exclusividade em relação a ela.
XIV – situação do franqueado, após a expiração do contrato de franquia, em relação a: a) *know how* ou segredo de indústria a que venha a ter acesso em função da franquia; e b) implantação de atividade concorrente da atividade do franqueador;	XV – situação do franqueado, após a expiração do contrato de franquia, em relação a: a) *know-how* da tecnologia de produto, de processo ou de gestão, informações confidenciais e segredos de indústria, comércio, finanças e negócios a que venha a ter acesso em função da franquia; b) implantação de atividade concorrente à da franquia;	Indica o que o franqueado tem acesso no decorrer do contrato de franquia, desde a forma de trabalho até informações confidenciais. A COF deve esclarecer as restrições sofridas pelo franqueado quando do término da relação contratual com o franqueador.
XV – modelo do contrato--padrão e, se for o caso, também do pré-contrato-padrão de franquia adotado pelo franqueador, com texto completo, inclusive dos respectivos anexos e prazo de validade.	XVI – modelo do contrato--padrão e, se for o caso, também do pré-contrato-padrão de franquia adotado pelo franqueador, com texto completo, inclusive dos respectivos anexos, condições e prazos de validade;	

2. CONTEXTO NORMATIVO

Lei n. 8.955/1994	Lei n. 13.966/2019	Comentários
	XVII – indicação da existência ou não de regras de transferência ou sucessão e, caso positivo, quais são elas; XVIII – indicação das situações em que são aplicadas penalidades, multas ou indenizações e dos respectivos valores, estabelecidos no contrato de franquia; XIX – informações sobre a existência de cotas mínimas de compra pelo franqueado junto ao franqueador, ou a terceiros por este designados, e sobre a possibilidade e as condições para a recusa dos produtos ou serviços exigidos pelo franqueador; XX – indicação de existência de conselho ou associação de franqueados, com as atribuições, os poderes e os mecanismos de representação perante o franqueador, e detalhamento das competências para gestão e fiscalização da aplicação dos recursos de fundos existentes; XXI – indicação das regras de limitação à concorrência entre o franqueador e os franqueados, e entre os franqueados, durante a vigência do contrato de franquia, e detalhamento da abrangência territorial, do prazo de vigência da restrição e das penalidades em caso de descumprimento; XXII – especificação precisa do prazo contratual e das condições de renovação, se houver;	Acrescidos sete incisos, de modo a trazer ao franqueado informações a respeito de: – transferências e sucessões (se há possibilidade de cessão de direitos e obrigações que decorram do contrato de franquia, além de saber se ocorre ou não o rompimento do vínculo caso um dos contratantes venha a falecer ou extinguir o contrato – caráter *intuito personae*). – prazo do contrato e condições, caso o franqueado queira renová-lo, ainda que essa renovação dependa da livre vontade das partes. – multa ou penalidade que possa vir a ser aplicada por descumprimento de determinadas obrigações pelas partes. – política de preços da franquia e como ela poderia ser modificada. – mecanismos de representação dos franqueados e competências para gestão e fiscalização da aplicação dos recursos de fundos na rede.

Lei n. 8.955/1994	Lei n. 13.966/2019	Comentários
	XXIII – local, dia e hora para recebimento da documentação proposta, bem como para início da abertura dos envelopes, quando se tratar de órgão ou entidade pública.	– regras da não concorrência, entre franqueados e franqueadores ou entre os próprios franqueados, durante o prazo do contrato.

O artigo 4º da Lei n. 13.966/2019 dispõe que a omissão ou a veiculação de informações falsas sujeitam o franqueador à possibilidade de anular o contrato de franquia, sem prejuízo à indenização por pagamentos realizados em razão de filiação ou de *royalties* e das sanções penais cabíveis.

Outra importante inovação trazida pela Lei n. 13.966/2019, por meio do seu artigo 3º, diz respeito à sublocação de imóvel pelo franqueador ao franqueado.

Estabeleceu-se a legitimidade conjunta de franqueador e de franqueado para proporem a ação de renovação da locação comercial. Tal questão foi objeto de especial controvérsia. De acordo com a Lei do Inquilinato (Lei n. 8.245, de 18 de outubro de 1991), o sublocador não poderia propor a ação renovatória na hipótese de sublocação total[125]. Há julgado do Tribunal de Justiça do Estado de São Paulo que adota entendimento convergente[126].

Assim, a Lei n. 13.966/2019 pacifica essa questão, estabelecendo a legitimidade de ambas as partes para pleitear a renovação da locação.

Além disso, algo que encontrava barreiras na Lei de Inquilinato era a cobrança de aluguel superior àquele da locação principal pelo franqueador[127]. Com a Lei n. 13.966/2019, a questão fica condicionada somente à menção expressa na Circular de Oferta de Franquia, respeitado o equilíbrio econômico-financeiro da sublocação.

Finalmente, é necessário pontuar as inovações trazidas em relação à escolha de lei aplicável e à resolução de disputas.

---

[125] Art. 51, § 1º. "O direito assegurado neste artigo poderá ser exercido pelos cessionários ou sucessores da locação; no caso de sublocação total do imóvel, o direito a renovação somente poderá ser exercido pelo sublocatário".

[126] Veja-se, por exemplo: BRASIL. Tribunal de Justiça do Estado de São Paulo. Apelação n. 0113887-17.2009.8.26.0011, Rel. Reinaldo Caldas, 26ª Câmara. 30 de novembro de 2012.

[127] Art. 21. "O aluguel da sublocação não poderá exceder o da locação; nas habitações coletivas multifamiliares, a soma dos aluguéis não poderá ser superior ao dobro do valor da locação".

2. CONTEXTO NORMATIVO

O artigo 7º da Lei n. 13.966/2019 determina que os contratos de franquia sem elementos de conexão estrangeiros serão necessariamente escritos em língua portuguesa e regidos pela Lei brasileira, o que implica atribuir-lhes natureza estritamente doméstica.

Já o contrato de franquia internacional veio definido no artigo 7º, § 2º da Lei n. 13.966/2019, como "aquele que, pelos atos concernentes à sua conclusão ou execução, à situação das partes quanto à nacionalidade ou domicílio, ou à localização de seu objeto, tem liames com mais de um sistema jurídico". Caso se enquadre neste conceito, diga-se de passagem, muito semelhante àquele apresentado pela doutrina[128], o contrato poderá ter cláusula de eleição de foro em favor do local de domicílio de um dos contratantes. Além disso, na ausência de regra especial, conclui-se pela manutenção da liberdade de eleição de lei aplicável[129].

Entre as diversas modalidades de franquia expostas no capítulo 1, aquela que parece mais apta a se enquadrar como um contrato de franquia internacional seria a franquia-mestre. Conforme adiantado, é a forma comumente utilizada na expansão de negócios a outros países, e normalmente firmado entre uma parte estrangeira e uma parte "doméstica".

Aliás, em princípio, a existência de uma parte estrangeira bastaria para qualificar um contrato como internacional, independentemente da modalidade de franquia eleita[130]. Contudo, franquias-mestre em geral têm sua

---

[128] A Lei parece ter adotado uma noção de contrato internacional sob o enfoque jurídico, nos moldes desenhados por Henri Batiffol: "um contrato tem caráter internacional quando, pelos atos concernentes à sua celebração ou sua execução, ou a situação das partes quanto à sua nacionalidade ou seu domicílio, a localização de seu objeto, ele tem liame com mais de um sistema jurídico". Verbete e Convenções. *In*: Repertoire Dalloz de Droit International Privé, n. 9 *apud* BAPTISTA, Luiz Olavo. **Contratos internacionais**. São Paulo: Lex Magister, 2011, p. 23. No mesmo sentido: DOLINGER, Jacob. **Direito internacional privado**: contratos e obrigações no direito internacional privado. Rio de Janeiro: Renovar, 2007, p. 225. Sobre o tema, Thiago Marinho Nunes entende que o conceito adotado pela Nova Lei é importante para "definir a internacionalidade de eventual procedimento arbitral que venha a surgir, em razão de uma disputa nascida no âmbito de um contrato internacional de franquia. Isso porque, devido à natureza internacional do contrato, eventual procedimento arbitral que surja decorrente desse aludido contrato terá, necessariamente, status internacional." NUNES, Thiago Marinho. A nova Lei de Franquia, arbitragem e contratos internacionais. **Migalhas**. Disponível em: https://www.migalhas.com.br/coluna/arbitragem--legal/319283/a-nova-lei-de-franquia-arbitragem-e-contratos-internacionais. Acesso em: 29 jan. 2020.

[129] BAPTISTA, Luiz Olavo. **Contratos internacionais**. São Paulo: Lex Magister, 2011, p. 49; DOLINGER, Jacob. **Direito internacional privado**: contratos e obrigações no direito internacional privado. Rio de Janeiro: Renovar, 2007, pp. 456-457.

[130] Art. 7º, § 2º. "Para os fins desta Lei, entende-se como contrato internacional de franquia aquele que, pelos atos concernentes à sua conclusão ou execução, à situação das partes quanto à nacionalidade ou domicílio, ou à localização de seu objeto, tem liames com mais de um sistema jurídico".

execução e objeto (*e.g.*, importação de bens) ou negociação (conclusão) fora do Brasil (quando considerados franqueadores nacionais), o que reforça o seu caráter internacional. A situação inversa (franqueadores estabelecendo redes de franquias no Brasil, com franqueados ou master-franqueados locais) faz incidir a mesma disposição legal, indicando a internacionalidade do contrato.

No que diz respeito à resolução de disputas, a Lei n. 13.966/2019 disciplinou a adoção de foro de eleição nos casos em que o contrato de franquia é considerado internacional, nada mencionando acerca dos contratos considerados domésticos.

A Lei n. 13.966/2019 indicou ser possível a adoção da arbitragem para resolução de disputas decorrentes do contrato de franquia, sem ressalvas quanto à natureza doméstica ou internacional da avença.

Em um cenário no qual as partes contratantes são brasileiras, em que a conclusão e a execução do contrato se deu exclusivamente em território nacional e em que não há aplicação de lei estrangeira, caracterizando-se o contrato como doméstico, parece não haver situação que justifique a eleição de foro estrangeiro para a resolução de disputas. Os procedimentos adicionais para homologação da sentença judicial perante o Superior Tribunal de Justiça e, posteriormente, sua execução perante a Justiça Federal, bastariam para afastar a opção por eleger um foro estrangeiro para dirimir conflito decorrente de contrato exclusivamente doméstico.

Apesar de a Lei n. 13.966/2019 não permitir ou proibir, expressamente, a adoção de foro de eleição estrangeiro para a solução de disputas no caso de contratos domésticos, uma interpretação sistemática do artigo 7º da Lei n. 13.966/2019 parece indicar omissão intencional do legislador no sentido de que, no sistema idealizado, tal medida não seria a mais adequada.

Já para os contratos caracterizados como internacionais, a lei limita a eleição de foro estrangeiro aos países de domicílio dos contratantes[131]. Trata-se de possível restrição à autonomia da vontade das partes, na medida em que ficariam impedidas de escolherem um foro neutro, praxe em disputas comerciais

---

[131] Art. 7º. "Os contratos de franquia obedecerão às seguintes condições: [...] II – os contratos de franquia internacional serão escritos originalmente em língua portuguesa ou terão tradução certificada para a língua portuguesa custeada pelo franqueador, e os contratantes poderão optar, no contrato, pelo foro de um de seus países de domicílio".

internacionais[132] – isso para não mencionar que o Código de Processo Civil já permitia a eleição de foro estrangeiro indistintamente (sem limitação às jurisdições de domicílio das partes)[133], o que não justifica, em princípio, o rigor da nova disposição.

Ademais, a restrição ao foro de domicílio das partes nos contratos de franquia internacionais não encontra correspondência na eleição de lei aplicável, que é ampla, a não ser que os efeitos do contrato transcendam os limites territoriais do Brasil. Esta constatação decorre do silêncio da Lei n. 13.966/2019 sobre o assunto, em contraste com o artigo 7º, I, segundo o qual os contratos domésticos serão necessariamente regidos pela legislação brasileira.

Seguindo a análise do dispositivo em comento, o artigo 7º, § 1º, da Lei n. 13.966/2019 estabelece, sem ressalvas, que "[a]s partes poderão eleger juízo arbitral para solução de controvérsias relacionadas ao contrato de franquia"[134].

Importante destacar que esta "autorização" não era necessária[135]. Isso porque os critérios estabelecidos pelo artigo 1º da Lei n. 9.307/1996 (Lei de Arbitragem) já eram todos preenchidos quando consideradas as disputas decorrentes de contratos de franquia.

Dessa maneira, não parece correto dizer que a Lei n. 13.966/2019 "permitiu" que conflitos oriundos de contratos de franquia sejam submetidos à arbitragem, mas somente positivou uma prática estabelecida e amplamente utilizada.

---

[132] "A party is likely to favour proceedings in its home state, but it is more likely to favour litigation in a neutral form than in the counterparty's local court". FENTIMAN, Richard. **International commercial litigation**. Oxford: OUP, 2015, § 7.43). Tradução livre: "As partes são propensas a preferir um litígio no seu país de origem, mas é mais provável que prefiram litigar em um foro neutro do que no foro local da contraparte".

[133] "Art. 25. Não compete à autoridade judiciária brasileira o processamento e o julgamento da ação quando houver cláusula de eleição de foro exclusivo estrangeiro em contrato internacional, arguida pelo réu na contestação".

[134] Art. 7º, §1º.

[135] Sobre o tema, ver: GIUSTI, Gilberto. Nova Lei de Franquia Empresarial (13.966/19) – qual a necessidade de dispositivo expresso "permitindo" solução de conflitos por arbitragem? **Migalhas**. Disponível em: https://www.migalhas.com.br/dePeso/16,MI317768,61044-Nova+Lei+de+Franquia+Empresarial+1396619+Qual+a+necessidade+de. Acesso em: 29 jan. 2020.

3. EXTINÇÃO CONTRATUAL

3.1 Ausência de perpetuidade nas relações contratuais

As obrigações contratuais são caracterizadas pela temporalidade. Todo contrato possui um ciclo de existência, nascendo a partir de acordo de vontade das partes e extinguindo-se antes ou após o cumprimento dessas obrigações, extinção esta que pode ocorrer pelos mais variados motivos, de forma amigável ou litigiosa.

Quando firmado a prazo determinado, o contrato já nasce vinculado a uma duração certa, ao final da qual, extingue-se automaticamente, a não ser que seja convencional ou legalmente prorrogado.

Contratos firmados por prazo determinado podem ser prorrogados pela vontade das partes ou por determinação legal, desde que a sua duração não esteja condicionada ao exaurimento das prestações objeto das obrigações nele previstas. A prorrogação voluntária ocorre por meio de manifestação expressa (ou seja, quando as partes assim acordarem no próprio contrato ou quando celebrarem termo aditivo para esse fim) ou tácita (quando as partes continuarem a exercer seus direitos e a cumprir suas obrigações contratuais mesmo depois do termo de vigência).

Quando firmado por prazo indeterminado, o contrato poderá cessar mediante resilição bilateral (ou distrato) ou, ainda, mediante denúncia implementada por uma das partes contratantes, com ou sem justa causa.

Seja por prazo determinado ou indeterminado, a provisoriedade é da essência de qualquer contrato de trato continuado, vez que não se coaduna com os princípios gerais do direito privado a vinculação indefinida do indivíduo a uma relação contratual[136].

---

[136] "[...] Presume, ainda, a lei que contratos de execução contínua, convencionados por prazo indeterminado, como, p. ex., o de fornecimento continuado de mercadorias, são passíveis de cessação

Ao comentar a ausência de perpetuidade de contratos de duração, Fernando B. Penteado de Castro pondera ser natural que a convergência de vontades das partes contratantes, com o passar do tempo, dê lugar a divergências relacionadas à condução dos negócios. Nesse contexto, tem-se que o desenvolvimento lógico de um contrato de trato continuado normalmente "passa por sua fase ótima até alcançar o estágio em que uma das partes pode desejar sua extinção"[137].

A ausência de perpetuidade dos contratos já foi bastante debatida pelo Poder Judiciário, conforme se verifica em trechos a seguir transcritos, extraídos de acórdãos prolatados pelo Superior Tribunal de Justiça e pelo Tribunal de Justiça do Estado de São Paulo:

> [...] Qualquer que seja a modalidade e a extensão das prestações previstas, todo vínculo obrigacional há de ter um fim, sendo inadmissível impor-se a alguém, por contrato, sujeitar-se perpetuamente a cumprir prestações a outrem[138].

> [...] Ademais, não há contratação perpétua, e previa-se a denúncia, claramente, e ninguém é obrigado a contratar ou renovar contratos de prazo determinado[139].

> Isso porque não existe negócio perpétuo no Direito Brasileiro, nos moldes pretendidos pela Autora; e a liberdade de se desvincular é a mesma

---

mediante denúncia, acompanhada ou não de aviso prévio de um dos contraentes, por entender que as partes não se quiseram obrigar perpetuamente, reservando-se, por isso, o direito de resilir a parte a quem o contrato não mais interessar. Tal denúncia notificada (declaração receptícia da vontade que só produz efeito quando a outra parte dela tiver ciência), que normalmente não precisará ser justificada, constitui meio lícito de pôr fim a um contrato por tempo indeterminado e é a manifestação da vontade que visa dar ciência da intentio de rescindir o negócio; por isso, os contraentes sabem que a qualquer momento ele poderá ser desfeito por mera declaração unilateral de vontade [...]". DINIZ, Maria Helena. **Curso de direito civil brasileiro** – teoria das obrigações contratuais e extracontratuais. v. 3. 26. ed. São Paulo: Saraiva, 2010, p. 167.

[137] CASTRO, Fernando Botelho Penteado de Castro. Contrato típico de concessão comercial. In: **Tratado de Direito Comercial** – obrigações e contratos empresariais. (coord.) Fábio Ulhoa Coelho. São Paulo: Saraiva, 2015, p. 378.

[138] BRASIL. Superior Tribunal de Justiça. Recurso Especial n. 1.326.557/PA. 4ª Turma. Rel. Luis Felipe Salomão. 03 de dezembro de 2012.

[139] BRASIL. Tribunal de Justiça do Estado de São Paulo. Apelação Cível 0150287-68.2006.8.26.0000. 8ª Câmara de Direito Privado. Rel. Ribeiro da Silva. 26 de outubro de 2010.

3. EXTINÇÃO CONTRATUAL

da Liberdade de Contratar. [...] não existe contratação perpétua e compulsória no Direito Brasileiro[140].

Nesse contexto de ausência de eternidade dos contratos, Orlando Gomes utiliza o termo "extinção" para todos os casos em que o contrato deixa de existir. A extinção contratual pode ser, por sua vez, "normal" (nos casos em que houver a execução do contrato, com a consequente extinção dos direitos e obrigações nele previstas) ou "anômala" (em que o contrato é extinto antes do seu advento final, ou seja, antes de cumpridas as obrigações nele pactuadas)[141].

Conforme mencionado neste estudo, a Lei n. 13.966/2019, ao dispor sobre a franquia, não regulamentou as formas de extinção do contrato, atribuindo tal prerrogativa às partes que sobre a extinção e seus efeitos podem convencionar no próprio contrato de franquia. Todavia, na ausência de disposição contratual, devem ser aplicados os preceitos gerais dispostos no Código Civil.

Maria Helena Diniz especifica uma a uma as modalidades de extinção contratual previstas no Código Civil[142]. Dessas modalidades de extinção dos contratos em geral, convém comentar mais detidamente aquelas que se afeiçoam a contratos de trato continuado, como é o caso do contrato de franquia.

---

[140] BRASIL. Tribunal de Justiça do Estado de São Paulo. Apelação Cível 1003503-66.2015.8.26.0008. 2ª Câmara de Direito Privado. Relator Giffoni Ferreira. 20 de junho de 2016. No mesmo sentido: BRASIL. Tribunal de Justiça do Estado de São Paulo. Apelação Cível 1001193-76.2018.8.26.0010. 2ª Câmara de Direito Privado. Relator Giffoni Ferreira. 16 de outubro de 2018.

[141] "O vocábulo extinção deve reservar-se para todos os casos nos quais o contrato deixa de existir. Cabe, de logo, uma distinção. Os contratos realizam-se para a consecução de certo fim. Devem, portanto, ser executados, em todas as cláusulas, pelas partes contratantes. Cumpridas as obrigações, o contrato está executado, seu conteúdo esgotado, seu fim alcançado. Dá-se, pois, a extinção. Poder-se-ia dizer, em expressiva comparação, que se finda por morte natural. A execução é, essencialmente, o modo normal de extinção dos contratos. Pode ser instantânea, diferida ou continuada. Nesta última hipótese, os efeitos do contrato prolongam-se, repetindo-se as prestações, sendo comum a aposição de termo para limitar a sua duração. Diz-se, então, que o contrato é por tempo determinado, no qual o advento do termo final lhe acarreta a extinção, também por execução. Há, por conseguinte, duas maneiras de extinção normal do contrato: a execução instantânea, imediata ou diferida, e a execução continuada ou periódica até a expiração do prazo estipulado, ou pela vontade de uma das partes se o contrato é por tempo indeterminado [Vide o Cap. 9]. A extinção normal do contrato, por execução, não suscita qualquer problema em relação à forma e aos efeitos. Executado o contrato, estão extintas, por via de consequência, as obrigações e direitos que originou." GOMES, Orlando. **Contratos**. 27. ed. (atual.) Edvaldo Brito; Reginalda Paranhos de Brito. Rio de Janeiro: Forense, 2019, p. 173.

[142] DINIZ, Maria Helena. **Curso de direito civil brasileiro** – teoria das obrigações contratuais e extracontratuais. v. 3. 26. ed. São Paulo: Saraiva, 2010, pp. 156-170.

3.2 Extinção normal do contrato

A extinção contratual normal ocorre quando o contrato atinge seu ciclo jurídico de existência, ou seja, quando as obrigações nele previstas são concluídas satisfatoriamente, extinguindo-se direitos e obrigações.

Referida extinção pode decorrer tanto do termo final de vigência do contrato firmado a prazo determinado (caducidade), como da manifestação de vontade das partes em encerrar o contrato (distrato).

No caso de extinção contratual pelo seu termo de vigência, o contrato cessa automaticamente, sem necessidade de qualquer manifestação de vontade das partes.

Já o distrato, também denominado resilição bilateral, corresponde a um novo acordo que coloca fim às relações contratuais, reunindo os requisitos gerais de validade do negócio jurídico. A resilição bilateral pode ocorrer tanto em contratos por prazo determinado, como por prazo indeterminado. Nenhuma limitação específica se impõe ao conteúdo do distrato, de modo que as partes convencionarão aquilo que melhor lhes aprouver no tocante a eventuais ressarcimentos e obrigações pós-contratuais. A forma do distrato, no entanto, deverá ser a mesma determinada para o contrato.

Fábio Ulhoa Coelho pondera ainda que, como o contrato é uma espécie de vínculo obrigacional, as causas extintivas de obrigações também dão ensejo à sua desconstituição, como a prescrição, a confusão e a compensação[143].

Em regra, a extinção normal do contrato não gera conflitos entre as partes contratantes. Diz-se, em regra, porque por vezes, mesmo sendo contratado um determinado prazo de vigência, pode haver disputas sobre ter sido esse prazo bastante para atender às expectativas das partes.

Nesse ponto, importante destacar que não há estipulação legal sobre prazos mínimos ou máximos para a celebração de contratos de franquia. Não obstante, diante do princípio da boa-fé, espera-se que o prazo a ser contratado seja, no mínimo, suficiente para que o franqueado possa razoavelmente recuperar os investimentos realizados na aquisição da franquia e constituição do estabelecimento comercial, além de auferir certo montante de lucro para retribuir seu trabalho – isso para a hipótese de atuar dentro do que se reputa ser uma performance de gestão e de desempenho satisfatória para um franqueado.

---

[143] "Sendo o contrato espécie de vínculo obrigacional, todas as causas extintivas de obrigações dão ensejo à sua desconstituição. Assim, a prescrição, a confusão, a compensação etc. causam o desfazimento da relação contratual. Fora estas causas, a desconstituição do contrato pode também decorrer da invalidação ou da dissolução do vínculo." COELHO, Fábio Ulhoa. **Novo manual de direito comercial**. Direito de empresa. 31. ed. São Paulo: RT, 2020, p. 392.

3. EXTINÇÃO CONTRATUAL

De todo o modo, como a expectativa de cada parte tem caráter subjetivo, recomenda-se sejam as estimativas e previsões detalhadamente debatidas, avaliadas e definidas pelas partes quando da celebração do contrato.

No caso de contratos de franquia, especificamente, é recomendável que a carta de oferta de franquia apresente informações suficientes para que os candidatos a franqueados realizem estudos de viabilidade de projeções do negócio[144].

Há quem estime que contratos de franquia devam ser firmados para vigorarem por uma média de 5 anos[145].

Mas a realidade é que esse prazo varia a depender das características do negócio. A Natura, por exemplo, contrata franqueados para a comercialização de produtos na modalidade *online*, com prazo de vigência de 4 meses; o contrato pode ser denunciado a qualquer tempo pelo franqueado, mesmo sem justo motivo, e unilateralmente resilido pela franqueadora, após esses 4 meses, mediante pré-aviso de 30 dias[146].

Para que o prazo ideal e esperado de vigência dos contratos de franquia não se torne tema de extenso debate entre as partes após a celebração dos contratos, é que se recomenda seja esse prazo expressa e previamente contratado[147].

---

[144] "Exatamente por isso, na maioria das circulares de oferta que são entregues a candidatos à franquia, há orientações claras no sentido de que os valores nela descritos 'são meras estimativas' e que não constituem 'promessas' da franqueadora etc. e tal. Costumo frisar também a importância de os candidatos fazerem seus próprios estudos de viabilidade e projeções do negócio, baseando-se nos dados informados pela franqueadora e, principalmente, nas experiências de outros franqueados da rede. Isto porque, caso as informações veiculadas no COF sejam verdadeiras e tenham tomado por base efetivamente os custos reais despendidos para a implantação de outra unidade, considerando-se ainda as variações inerentes ao imóvel escolhido, não se poderá pretender imputar à franqueadora a responsabilidade pelas diferenças que porventura venham a surgir. A obrigação da franqueadora nesse caso é a de perceber a variação dos valores envolvidos na instalação de suas unidades a fim de sempre se comprometer a informar a estimativa mais próxima da realidade de seu negócio." JESS, Ana Cristina Von. *Franchising* no **Brasil**: tudo o que você precisa saber. Rio de Janeiro: Lumen Juris, 2018, p. 114.
[145] JESS, Ana Cristina Von. *Franchising* no **Brasil**: tudo o que você precisa saber. Rio de Janeiro: Lumen Juris, 2018, p. 72.
[146] Disponível em: https://www.academia.edu/27159232/CIRCULAR_DE_OFERTA_DE_FRANQUIA_R_E_D_E_N_AT_U_R_A. Acesso em: 7 set. 2020.
[147] "A regra, aliás, é prever exatamente o contrário. Normalmente o que se procura assegurar é que a franqueadora determine quanto tempo irá durar a sua relação com o franqueado que, a rigor, somente será dela conhecido com o passar dos anos e o desenrolar da parceria contratada. Para o franqueado, este tempo também servirá para a constatação da viabilidade econômica de sua unidade. Assim, determinar o prazo do contrato e não garantir a sua renovação podem ser uma garantia para ambas as partes. Garantia de poder a cada 5 (cinco) anos – ou qualquer outro período – retirar de seu relacionamento meus parceiros que, infelizmente, sempre existem. Portanto, nesse aspecto, o importante é que o prazo de vigência da contratação seja determinado, considerando o

Outra circunstância que também pode ser foco de conflito entre as partes que contratam por prazo determinado é aquela em que o comportamento de uma das partes gera na contraparte a legítima expectativa de que o contrato teria o seu prazo prorrogado. Se houver tal conduta da parte contratante em momento anterior ao vencimento do prazo contratual, ou seja, comportamento que resulte legítima expectativa de renovação contratual, poder-se-ia falar em abusividade da não renovação, embora a tendência seja prevalecer o direito legítimo de não renovação do contrato com prazo certo de vencimento.

Assim, apenas na hipótese de haver prova concreta de que o comportamento contratual de uma das partes, a indicar a firme expectativa de futura renovação do contrato, ensejou despesas pela outra parte em função exclusiva dessa expectativa contratual, seria eventualmente possível cogitar alguma pretensão a ser exercida judicialmente. Mas, tal pretensão se restringiria à natureza indenizatória, vez que a renovação forçada de contrato somente poderia ser admitida se houver expressa previsão legal, considerando o princípio inequívoco da liberdade de contratar e da liberdade de se manter ou não contratado.

De fato, a jurisprudência já se consolidou no sentido de que os contratos privados – firmados por prazo determinado ou indeterminado – não devem ser mantidos compulsoriamente em vigor, contra a vontade de uma das partes contratantes. Eventuais prejuízos decorrentes da extinção contratual, caso esta venha a ser reputada abusiva, devem ser resolvidos em perdas e danos, mas nunca pela intervenção judicial na vontade de contratar.

É nesse contexto que o Superior Tribunal de Justiça há muito considera ilegal a determinação de manutenção forçada de contratos, situação que em tudo se assemelha à renovação contratual compulsória[148].

---

investimento do franqueado, o seu retorno, bem como assegurando que haja tempo suficiente para que ele tenha um efetivo ganho com a exploração do seu negócio. Do contrário, sempre haverá a possibilidade de tal fixação ser objeto de questionamento." JESS, Ana Cristina Von. **Franchising no Brasil**: tudo o que você precisa saber. Rio de Janeiro: Lumen Juris, 2018, p. 20.

[148] "RECURSO ESPECIAL. CONTRATO. RUPTURA. CONTINUAÇÃO. VÍNCULO. CONCESSÃO. LIMINAR. DESCABIMENTO. Se uma das partes manifestou seu desejo de romper o contrato, não pode ser forçada a sustentar o vínculo, porquanto isso feriria a autonomia da vontade. Sendo assim, é descabida a concessão de liminar nesse sentido, porquanto haveria carência do *fumus boni juris*. Recurso especial conhecido e provido. [...]

No caso, a recorrida, concessionária de veículos, propôs ação cautelar visando a manter o contrato com a recorrente, sustentando que a ruptura ocorrera sem observância das formalidades previstas na lei e no contrato, tendo obtido liminar em primeiro grau, a qual restou confirmada pelo tribunal *a quo* em agravo de instrumento. Conforme precedentes desta Corte, em situações semelhantes, se uma das partes manifestou seu desejo de romper o contrato, não pode ser forçada a sustentar o vínculo, porquanto isso feriria a autonomia da vontade. Sendo assim, é descabida a concessão de liminar nesse

3. EXTINÇÃO CONTRATUAL

sentido, porquanto haveria carência do *fumus boni juris*. Se houve ruptura abrupta, sem observância das formalidades exigidas, a questão deve ser resolvida em perdas e danos, a serem discutidos em ação própria". BRASIL. Superior Tribunal de Justiça. Recurso Especial n. 668646/AL, Rel. Min. Castro Filho, 3ª Turma. 24 de fevereiro de 2006. "I. É princípio do direito contratual de relações continuativas que nenhum vínculo é eterno. Se uma das partes manifestou sua vontade de rescindir o contrato, não pode o Poder Judiciário impor a sua continuidade. II. Ausência do *fumus boni juris*, pressuposto indispensável para concessão de liminar. Precedentes do STJ. III. Agravo regimental improvido." BRASIL. Superior Tribunal de Justiça. Agravo Regimental no Agravo 988.736/SP, Rel. Min. Aldir Passarinho Junior, 4ª Turma, 03 de novembro de 2008. "[...] 2 – De outro lado, consoante entendimento pretoriano dominante, em havendo manifestação contrária de uma parte, não pode o Judiciário impor a subsistência de relação contratual de caráter continuativa, tudo se resolvendo no plano indenizatório, caso eventualmente caracterizado abuso de poder. 3 – Recurso especial não conhecido." BRASIL. Superior Tribunal de Justiça. Recurso Especial n. 440.663/SP, Rel. Min. Fernando Gonçalves, 4ª Turma. 16 de fevereiro de 2004. "CIVIL E PROCESSUAL CIVIL. CONCESSÃO COMERCIAL. LEI N. 6.729/79. RESCISÃO DE CONTRATO. LIMINAR PARA CONTINUIDADE DA CONCESSÃO. AUSÊNCIA DE PRESSUPOSTO. É princípio básico do direito contratual de relações continuativas que nenhum vínculo é eterno, não podendo nem mesmo o Poder Judiciário impor a sua continuidade quando uma das partes já manifestou a sua vontade de nela não mais prosseguir, sendo certo que, eventualmente caracterizado o abuso da rescisão, por isso responderá quem o tiver praticado, mas tudo será resolvido no plano indenizatório. Ausência do *fumus boni juris*, pressuposto indispensável para concessão da liminar. Recurso conhecido e provido. [...] Não há dúvida que, sendo o contrato por prazo indeterminado, como é o caso dos autos, a Lei n. 6.729/79 permite a sua resilição unilateral e imotivada, em face de sua explícita disposição acima mencionada. Ademais, não se pode olvidar do princípio básico de direito contratual de relações continuativas, segundo o qual nenhum vínculo é eterno, não podendo nem mesmo o Poder Judiciário impor a sua continuidade quando uma das partes já manifestou sua vontade de nela não mais prosseguir, sendo certo que, eventualmente, caracterizado o abuso da rescisão, quando for o caso, responderá quem o tiver praticado, mas tudo será resolvido no plano indenizatório." BRASIL. Superior Tribunal de Justiça. Recurso Especial n. 534.105-MT, Rel. Min. Cesar Asfor Rocha, STJ. 4ª Turma, 16 de setembro de 2003. "PROCESSO CIVIL. AÇÃO CAUTELAR. MEDIDA LIMINAR. INTERVENÇÃO JUDICIAL EM CONTRATO. Medida liminar, garantindo a continuidade de contrato já denunciado por uma das partes, ao fundamento de que a resilição deixou de observar as formalidades nele previstas para esse efeito. Infração contratual que – acaso existente – se resolve em indenização por perdas e danos, não justificando a manutenção do contrato contra a vontade de uma das partes. Recurso especial conhecido e provido." BRASIL. Superior Tribunal de Justiça. Recurso Especial n. 200.856-SE, Rel. Min. Ari Pargendler, 3ª Turma, 15 de fevereiro de 2001. "RECURSO ESPECIAL. CONTRATO. RESCISÃO UNILATERAL. ANTECIPAÇÃO DE TUTELA. AUSÊNCIA DE PROVA INEQUÍVOCA. DILAÇÃO PROBATÓRIA. DETERMINAÇÃO DE CONTINUIDADE DO VÍNCULO CONTRATUAL. NÃO CABIMENTO 1. Em ação anulatória cumulada com obrigação de fazer, o aresto recorrido concedeu antecipação da tutela para manter o vínculo contratual entre as partes, apesar da notificação de rescisão unilateral. 2. Se o órgão jurisdicional antecipa os efeitos da tutela e, apesar da exigência de prova inequívoca, assegura o direito da parte autora de provar as alegações ventiladas na inicial, incorre em ofensa ao art. 273 do Código de Processo Civil. 3. Nas relações jurídicas paritárias, havendo manifestação de uma das partes no sentido de rescindir o contrato, não pode o Poder Judiciário, em regra, impor a sua continuidade, sob pena de ofensa ao art. 473, *caput*, do Código Civil de 2002. 4. Recurso especial provido." BRASIL. Superior Tribunal de Justiça. Recurso Especial n. 1517201/RJ, Rel. Min. Ricardo Villas Bôas Cueva, 3ª Turma, 15 de maio de 2015.

CONTRATOS DE FRANQUIA: ORIGEM, EVOLUÇÃO LEGISLATIVA E CONTROVÉRSIAS

Após a extinção do contrato de franquia, existem também deveres a serem respeitados pelos contratantes, sob pena de resultarem conflitos pós-contratuais. Exemplo de obrigação pós-contratual em franquias é o de não divulgar informações sigilosas, segredos profissionais e fórmulas de fabricação de produtos. São informações cuja divulgação por um dos contratantes pode causar sérios prejuízos ao outro contratante. Ademais, a extinção contratual enseja consequências à marca do franqueador e às técnicas e *know how* que, além de não mais poderem ser utilizadas, tampouco poderão ser reveladas pelo franqueado.

É nesse contexto que, apesar da autonomia comercial do franqueado, visando mitigar conflitos, é comum constar em contratos de franquia a vedação expressa de trespasse do estabelecimento do franqueado, mesmo ao término do contrato de franquia, justamente porque os bens imateriais da empresa franqueadora não poderiam ser transmitidos pelo franqueado a terceiros, por força do dever de segredo que possui o franqueado.

3.3 Invalidação ou dissolução do contrato por motivos anteriores ou concomitantes à sua formação

Contratos podem ser invalidados ou dissolvidos por motivos anteriores ou concomitantes à sua formação, decorrentes de vícios que resultem em nulidade ou em anulabilidade dos contratos (extinção anômala).

A diferença entre os dois vícios de invalidade – nulidade e anulabilidade – refere-se ao bem jurídico que visam proteger. Enquanto a nulidade procura evitar a violação à norma de ordem pública (ou seja, norma que visa garantir interesses sociais), a anulabilidade visa preservar interesses individuais das partes contratantes.

A própria Lei indica o que deve ser reputado por interesse público ou privado, ao relacionar situações de nulidade e de anulabilidade contratual.

Dentre os motivos de invalidação, destaca-se a declaração de nulidade decorrente de defeito. O defeito contratual pode ser de ordem objetiva, subjetiva ou formal na formação do instrumento, que impossibilite a produção de efeitos[149].

---

[149] "A invalidação de um contrato ocorre em função de causas anteriores ou contemporâneas à constituição, a saber, a incapacidade das partes, a ilicitude do objeto, a inidoneidade da forma ou vício de consentimento ou social (erro, dolo, simulação etc.). Pode verificar-se, segundo a causa que dá ensejo à invalidade, uma hipótese de nulidade ou anulabilidade do contrato. Uma e outra atingem a própria validade do negócio jurídico praticado, e, por isso, as partes devem retornar à situação em que se encontravam anteriormente ao contrato." COELHO, Fábio Ulhoa. **Novo manual de direito comercial**. Direito de empresa. 31. ed. São Paulo: RT, 2020, p. 392.

3. EXTINÇÃO CONTRATUAL

Reputam-se legalmente nulos os contratos nos quais há incapacidade absoluta de um ou ambos os contratantes; o objeto for ilícito, impossível ou indeterminado; o motivo determinante, comum a ambas as partes, for ilícito; não for atendida a forma imposta por lei; não for atendida formalidade legal; houver fraude; a lei taxativamente o declarar nulo ou proibir-lhe a celebração (artigo 166 do Código Civil) e houver simulação (artigo 167 do Código Civil).

São, de outro tanto, anuláveis os contratos em que há incapacidade relativa de um ou ambos os contratantes; e/ou houver erro, dolo, coação, estado de perigo, lesão e fraude contra credores (artigo 171 do Código Civil).

Especificamente em relação a contratos de franquia, também são anuláveis os contratos originados de carta de oferta de franquia (i) que contiver informações falsas ou que omitir informações (Lei n. 13.966/2019, art. 4) e/ou (ii) que não for entregue ao candidato a franqueado dentro do prazo mínimo de 10 dias (Lei n. 13.966/2019, art. 1, §§ 1 e 2).

As causas de dissolução dos contratos por motivos anteriores ou concomitantes à sua formação decorrem, ainda, de implemento de condição resolutiva pactuada no próprio contrato ou de direito de arrependimento que tenha sido expresso e previamente convencionado pelas partes contratantes.

O direito de arrependimento está regulamentado no artigo 420 do Código Civil e é pouco comum de ser convencionado em contratos de franquia.

Apesar da semelhança de nomenclaturas, a condição resolutiva é disciplinada nos artigos 121 e seguintes do Código Civil e não deve ser confundida com a cláusula resolutiva que será tratada mais adiante.

A condição resolutiva deve ser prevista em contrato, tornando-se dele inseparável e subordinando e limitando um ou mais efeitos contratuais a um acontecimento futuro e incerto.

A condição resolutiva é caracterizada pelos seguintes elementos: a voluntariedade, na medida em que não há condição sem a vontade das partes contratantes (condição resolutiva pressupõe expressa previsão contratual); a posteridade, ou seja, corresponde a evento futuro; e a incerteza, uma vez que há dúvida se o evento irá ou não ocorrer[150].

---

[150] "Para a configuração da condição será preciso a ocorrência dos seguintes requisitos: a) aceitação voluntária, por ser declaração acessória da vontade incorporada à outra, que é a principal por se referir ao negócio a que a cláusula adicional se adere com o objetivo de modificar uma ou algumas de suas consequências naturais; b) futuridade do evento, visto que exigirá sempre um fato futuro, do qual o efeito do negócio dependerá; c) incerteza do acontecimento, pois a condição relaciona-se com um acontecimento incerto, que poderá ocorrer ou não". DINIZ, Maria Helena. **Código Civil anotado**. 14. ed. São Paulo: Saraiva, 2009, pp. 159-160.

A condição resolutiva pode, ademais, se referir a um evento que independe da vontade das partes contratantes, hipótese na qual é denominada de condição resolutiva casual, ou seja, atrelada a um fortuito ou a vontade de terceiros sobre os quais as partes contratantes não possuem qualquer ingerência.

O evento previsto pelas partes como condição resolutiva lhes deve ser sempre externo, isto é, não pode constituir prestação devida por qualquer celebrante do negócio, ou por terceiro por ele indicado. Do contrário, não seria evento futuro e incerto capaz de modificar os efeitos do negócio jurídico, mas uma obrigação a ser adimplida ou inadimplida, sujeita a outra disciplina jurídica. E aí reside a essência de sua distinção da cláusula resolutiva que será comentada adiante.

Um exemplo de condição resolutiva comumente constante em contratos de trato continuado e que possuem natureza *intuito personae*, tal como é o contrato de franquia, é a previsão de extinção automática pelo falecimento do gestor da empresa franqueada. Na medida em que as características pessoais inerentes ao gestor da empresa que se candidata a franqueado são essenciais para que seja contratado pelo franqueador, este costuma incluir disposição contratual de que haverá automática extinção do contrato em caso de falecimento do gestor, evitando, assim, que o controle do franqueado passe para as mãos de desconhecidos sucessores do gestor falecido ou, ainda, para um terceiro que venha a assumir o negócio.

A condição resolutiva também costuma ser convencionada para as hipóteses de alterações substanciais do controle societário da empresa franqueada, sem prévia anuência do franqueador.

3.4 Dissolução do contrato por causas supervenientes à sua formação

Os contratos de trato continuado também podem ser dissolvidos por causas supervenientes à sua formação, notadamente por resolução, resilição ou rescisão (trata-se também de extinção contratual anômala).

A resolução contratual ocorre diante da inexecução de obrigações que, de sua parte, decorre de falta de cumprimento (inadimplemento *stricto sensu*), mora ou cumprimento defeituoso. A inexecução de obrigações permite à parte prejudicada promover ação para exigir o cumprimento do contrato ou sua resolução, sendo-lhe ainda facultado pedir perdas e danos, independentemente de ser inexecução culposa ou dolosa.

3. EXTINÇÃO CONTRATUAL

Todo contrato bilateral contém cláusula resolutiva tácita, pela qual a inexecução por uma parte autoriza a outra a promover a resolução mediante prova da infração contratual a ser produzida em ação judicial.

Todavia, Orlando Gomes destaca que não é toda e qualquer infração contratual que deve resultar em resolução por justa causa, na medida em que, para o doutrinador, a resolução por inadimplemento "só se justifica quando o não-cumprimento tem importância considerável"[151]. É, nesse contexto, que compete à parte que promover a resolução contratual por justa causa comprovar o efetivo inadimplemento contratual[152], a relevância e a gravidade do respectivo inadimplemento[153].

São inúmeras e das mais diversas as obrigações objeto de um contrato de franquia. Cabe ao franqueado, por exemplo, efetuar o pagamento a tempo e modo da taxa de franquia, utilizar a marca detida pelo franqueador para os fins contratados e manter sua unidade em pleno funcionamento. Por outro lado, cabe ao franqueador dispor do *know how* que afirma possuir, manter o regular direito de uso sobre a marca licenciada ao franqueado e prestar assistência técnica ao franqueado.

Diante dessa diversidade, as partes podem reforçar a cláusula resolutiva tácita, ao ajustarem o pacto comissório, pelo qual indicam expressamente as obrigações cujo inadimplemento ensejará a resolução. Neste caso, diante

---

[151] GOMES, Orlando. **Contratos**. 27. ed. (atual.) Edvaldo Brito; Reginalda Paranhos de Brito. Rio de Janeiro: Forense, 2019, p.176.

[152] "O contrato de franquia extingue-se pelos seguintes motivos: [...] c) por justa causa, alegada por uma das partes contratantes: aquele que alegar justa causa para rescisão assume os riscos de sua iniciativa, isto é, deverá demonstrá-la em juízo, sob pena de sofrer as consequências contratuais, em geral consistentes no pagamento de pesadas multas e na indenização da parte;". NEGRÃO, Ricardo. **Curso de direito comercial e de empresa**: títulos de crédito e contratos empresariais. 6. ed. São Paulo: Saraiva, 2017, p. 322.

[153] "Pode, entretanto, o contrato ser extinto durante sua vigência, quando uma das partes deixa de cumprir as obrigações que expressamente assumiu, de acordo com as cláusulas contratuais. A extinção é requerida pela parte prejudicada, sendo necessária a prova da infração contratual. É comum ser o contrato resilido por ato que não diga respeito diretamente à comercialização dos produtos, mas que indiretamente venha em prejuízo de uma das partes. Assim, pode o franqueador pôr fim ao contrato se a conduta do franqueado for tal que isso se reflita no bom conceito do franqueador. Desse modo, pode o franqueador pôr fim ao contrato se o franqueado é ébrio contumaz, se costuma, em sua vida privada, praticar atos escandalosos etc.; isso porque o franqueado tem por obrigação zelar, em todos os sentidos, pelo prestígio do produto, e sua conduta particular se reflete na boa imagem que o franqueador deve inspirar por meio de seus produtos." MARTINS, Fran. **Curso de direito comercial**: contratos e obrigações comerciais. 17. ed. Rio de Janeiro: Forense, 2017, pp. 403-404.

CONTRATOS DE FRANQUIA: ORIGEM, EVOLUÇÃO LEGISLATIVA E CONTROVÉRSIAS

do inadimplemento, o devedor deve ser constituído em mora (se a obrigação inadimplida não tiver sido ajustada a termo certo), dispensando-se, porém, a ação judicial para resolução, já que o pacto comissório expresso opera *ipso jure*, conforme preceitua o artigo 474 do Código Civil.

A resolução por inexecução pode ser, ademais, voluntária ou culposa, hipótese em que, em contratos de trato continuado, gerará efeitos *ex nunc*, preservando-se assim as prestações até então cumpridas.

Cumulativamente à resolução contratual, a parte prejudicada pelo inadimplemento pode pleitear perdas e danos, abrangidos aí danos emergentes e lucros cessantes, nos termos do artigo 475 do Código Civil[154].

Quanto ao valor da indenização decorrente da inexecução contratual voluntária, poderá ser previamente acordado entre as partes, por meio da estipulação de cláusula penal compensatória, que dispensa o prejudicado de promover a prova da extensão dos dados sofridos. Em regra, a pena compensatória não poderá ser superior ao valor do contrato, nos termos do artigo 412 do Código Civil[155].

A resolução por inexecução pode ser, de outro tanto, involuntária, nas hipóteses, por exemplo, de caso fortuito ou força maior, fatores que impeçam

---

[154] "Por vezes, a cláusula resolutória é prevista no próprio contrato, sendo que ela será aplicada tão logo seja constatada a inadimplência (CC, art. 474). Mas ainda que não conste no contrato, a qualquer parte, desde que provado o inadimplemento, é facultado o direito de não prosseguir com a avença. São claros os dizeres do art. 475 acima mencionado e Orlando Gomes argumenta que, adotando o sistema civil francês, a norma civilista estabeleceu que o contratante terá direito de realizar o pedido de rescisão, mesmo sem a previsão contratual com a ressalva de que, nesse caso, deverá fazer o pedido em juízo. Vale dizer: se prevista em contrato, a resolução se operará mediante simples notificação; ausente na avença, ainda assim existirá esse direito, mas deverá ser exercido em juízo. Araken de Assis anota que eventual indenização à qual a parte culpada for condenada, não será fruto de resolução em si, mas do inadimplemento de alguma obrigação assumida. Somente a resolução, sem que tenha havido dano, não gera o direito a ressarcimento algum. Reforça essa tese nossa exposição sobre o requisito do dano (emergente ou não) como fundamento de qualquer indenização. Ora, se assim não fosse, em caso de distrato, seria igualmente apurável alguma indenização, o que se revela um absurdo. Nos contratos de franquia, portanto, ocorrendo inadimplemento absoluto e ausente a vontade de prosseguir com a avença, terão direito as partes à rescisão do contrato, cumulada com perdas e danos, nos moldes analisados acima. Em outras palavras, a indenização neste caso se limitaria ao ressarcimento pelo inadimplemento das obrigações assumidas. A rescisão, por si só, não gera dever de indenizar, apenas se ela se der de modo ilegal ou não previsto na avença, o que equivale, a rigor, a um inadimplemento contratual." CREUZ, Luís Rodolfo Cruz e; OLIVEIRA, Bruno Batista da Costa de. Indenização no sistema de franquia empresarial. **Revista dos Tribunais**, São Paulo, v. 852, out. 2006, pp. 77-78.

[155] COELHO, Fábio Ulhoa. **Novo manual de direito comercial**. Direito de empresa. 31. ed. São Paulo: RT, 2020, p. 393.

3. EXTINÇÃO CONTRATUAL

o adimplemento da obrigação atribuída a um dos contratantes. Trata-se de resolução que se opera independentemente de pronunciamento judicial, e cujos efeitos verificam-se *ex nunc*, para contrato de trato sucessivo, não havendo que se falar em dever de indenizar. O impedimento a obstar o adimplemento, no entanto, deve ser objetivo, total e definitivo.

Os contratos bilaterais de trato continuado também estão sujeitos à resolução por onerosidade excessiva, decorrente de evento extraordinário e imprevisível que dificulte extremamente o cumprimento de obrigação de um dos contratantes. Para essas hipóteses, a intervenção judicial será imprescindível e os efeitos serão retroativos, não havendo cabimento para perdas e danos.

Francisco Paulo de Crescenzo Marino tece relevantes comentários a respeito do dinamismo das relações contratuais de trato continuado. Relações contratuais duradouras, por vezes, demandam ajustes equitativos para se adaptarem a novos contextos e se manterem em vigor[156].

A resilição ou denúncia unilateral, por sua vez, é o modo de extinção de contrato decorrente da manifestação de vontade de um dos contratantes.

A denúncia dos contratos não implica o automático dever de indenizar, porque não configura ato ilícito – aí incluído o abuso de direito (artigo 187 do

---

[156] "A função do poder conferido ao credor ex art. 479 do Código Civil é 'evitar a resolução', mantendo viva a relação contratual. Trata-se, na feliz expressão de Angelo Lener, de um contrapoder atribuído no contexto de um pleito voltado à destruição da relação contratual. O meio para alcançar o fim conservativo é a modificação equitativa do contrato. [...] Os direitos potestativos ligados à relação contratual como um todo teriam a função de proteger as partes contra vicissitudes passíveis de afetar a consecução do fim contratual. Essa função também seria perseguida pelos direitos extintivos, na medida em que eles atuam quando o fim contratual, sob a ótica do titular do direito, já foi alcançado (*v.g.*, direito de denúncia), quando o seu alcance é impossível, ou quando há o risco de o contrato realizar um interesse diverso daquele projetado (*v.g.*, direito de resolução). [...] O direito à alteração do contrato afetado pela alteração das circunstâncias estaria a serviço do fim contratual de forma positiva, pois permite a realização do fim em um cenário no qual ele vinha ameaçado. As considerações de Mota Pinto permitem delinear mais precisamente a função do direito de modificação equitativa previsto no art. 479 do Código Civil. Por meio do seu exercício, tutela-se não somente o interesse creditório, mas o fim do contrato como um todo. A persistência da possibilidade de alcançar o fim do contrato é condição de manutenção da eficácia contratual. A impossibilidade de alcançar o fim, ao contrário, é condição resolutiva de eficácia (ineficácia superveniente). Pode-se afirmar, assim, que o direito de modificação equitativa visa a assegurar a plena eficácia do contrato. A delimitação da função do direito potestativo de modificação equitativa também é relevante, ao que nos parece, para a análise da relação dinâmica do jogo de poderes (resolutório e modificativo) instaurado no processo." MARINO, Francisco Paulo de Crescenzo. **Revisão contratual**. São Paulo: Almedina, 2020, pp. 123-127.

Código Civil)[157] – aquele que age no regular exercício de seus direitos (artigo 188, inciso I do Código Civil).

De fato, nos contratos por prazo indeterminado, a resilição unilateral ou denúncia contratual é o meio próprio de dissolvê-los porque, do contrário, seria impossível libertar-se do vínculo sem a concordância da contraparte. Dá-se mediante a notificação e produz efeitos a partir da ciência da contraparte[158].

A denúncia não precisa ser justificada, porquanto as partes, em um contrato por prazo indeterminado, sabem que a qualquer momento o vínculo pode ser desfeito mediante declaração unilateral de vontade. Estar-se-ia diante do risco inerente a qualquer atividade empresarial, pelo que se conclui que a extinção do contrato é fato previsível, configura ato lícito e não deflagra necessariamente o dever de indenizar[159].

A rigor, a denúncia deve ser implementada mediante pré-aviso, de modo a evitar ruptura brusca, mas sua validade não está condicionada ao pré-aviso: a denúncia abrupta, sem aviso prévio, é válida, porém pode sujeitar

---

[157] Após avaliar diversas definições trazidas tanto por estudiosos brasileiros como estrangeiros, Marcus Elidius Michelli de Almeida conclui: "o abuso de direito é caracterizado pelo comportamento aparentemente lícito de alguém, mas que ao utilizar o seu direito, vem a causar dano a outrem em razão de contrariar de forma manifesta o espírito do instituto." ALMEIDA, Marcus Elidius Michelli de. **Abuso do direito e concorrência desleal**. São Paulo: Quartier Latin, 2004, p. 39.

[158] "145. Resilição unilateral. Pois que o contrato é negócio jurídico formado por acordo de vontades, não deveria admitir-se a resilição unilateral. Contudo, admite-se. O *fundamento* da faculdade de resilir varia conforme a modalidade de contrato. Na *resilição unilateral dos contratos por tempo indeterminado*, presume a lei que as partes não quiseram se obrigar perpetuamente, e, portanto, que se reservaram a faculdade de, a todo tempo, resilir o contrato. O *fundamento do poder de resilir* seria, assim, a vontade presumida das partes. Outras vezes, o contrato distingue-se pelo *elemento fiduciário* que encerra, de modo que só subsiste enquanto existe confiança de uma parte na outra. Justo que a lei autorize sua resilição pelo contratante que a perdeu. Por último, os próprios sujeitos reservam-se o direito de arrependimento, assegurando-se a faculdade de resilir o contrato, uma vez se sujeitem ao pagamento de multa prevista especialmente para esse fim. Em todas essas hipóteses, embora a *ratio legis* da autorização para resilir unilateralmente seja diferente, justifica-se o poder que a lei confere aos contratantes. [...] A *natureza do poder de resilir* unilateralmente o contrato não sofre contestação: trata-se de um *direito potestativo*." GOMES, Orlando. **Contratos**. 27. ed. (atual.) Edvaldo Brito; Reginalda Paranhos de Brito. Rio de Janeiro: Forense, 2019, p. 191.

[159] "Realmente só se há de pensar em indenização, não pela simples extinção ou mera denúncia do contrato de concessão comercial, mas pelo abuso do direito eventualmente praticado por um contratante contra o outro, como nas rupturas abruptas e desleais, em que não se respeita o prazo necessário para compensação dos investimentos exigidos do contratante, ou não se dá um aviso prévio compatível com o vulto e a complexidade do negócio." THEODORO JÚNIOR, Humberto; MELLO, Adriana Mandim Theodoro de. **Contratos de colaboração empresarial**. Rio de Janeiro: Forense, 2019, p. 327.

3. EXTINÇÃO CONTRATUAL

o denunciante ao pagamento de indenização na medida em que produza danos[160].

A denúncia poderia implicar o dever de indenizar, se, conforme mencionado, se mostre abusiva, vale dizer, quando, por exemplo, o franqueado não tiver exercido suas atividades durante período compatível com o vulto do negócio e quando não lhe for assegurado prazo razoável para a extinção de suas operações[161].

Em outras palavras, para pleitear indenização, na hipótese de denúncia do contrato, a parte deve comprovar danos efetivamente sofridos. Os investimentos realizados serão ressarcidos apenas se não recuperados razoavelmente durante a vigência do contrato (Código Civil, artigo 473, parágrafo único).

Em contratos firmados por prazo indeterminado, presume a lei que as partes se reservaram a faculdade de, a qualquer tempo, promoverem a resilição.

Não obstante a corrente doutrinária que defende que a resilição unilateral seria admissível "apenas se o prazo do contrato é indeterminado, o próprio instrumento contratual contiver cláusula autorizando-a ou se decorrer da essência do contrato, como no caso do mandato"[162], parece mais razoável o entendimento de que a resilição unilateral configuraria direito potestativo

---

[160] "É, pois, uma faculdade de criar uma nova situação jurídica por ato de vontade de uma das partes, que tem na lei ou no contrato a sua fonte. Para extinguir o contrato de prazo indeterminado, nenhuma motivação se exige, já que tal direito se funda na liberdade de desvincular-se. [...] É também o princípio da boa-fé que impõe a concessão de tal aviso, já que o encerramento do contrato implica a necessidade de implementar uma série de atos, procedimentos e providências complexas destinadas a organizar a vida econômica e financeira do franqueado. O aviso prévio é indispensável para evitar a surpresa da parte contrária, que poderá buscar outras alternativas para seu negócio, sem solução de continuidade. Deve, outrossim, ser concedido um prazo que permita à parte, em face do vulto dos investimentos, da complexidade, dos estoques e das peculiaridades do negócio, dar solução satisfatória às pendências normais do encerramento de uma atividade de distribuição". THEODORO JÚNIOR, Humberto; MELLO, Adriana Mandim Theodoro de. **Contratos de colaboração empresarial**. Rio de Janeiro: Forense, 2019, pp. 402-404.

[161] "O contrato de franquia extingue-se pelos seguintes motivos: [...] d) por vontade unilateral, sem justa causa, quando o contrato assim permitir (em geral com a seguinte redação: 'este contrato poderá ser denunciado, sem ônus, a qualquer tempo pela parte que não mais se interessar com o seu prosseguimento, bastando a notificação à parte contrária mediante carta registrada, com antecedência de trinta dias'). Os riscos dessa cláusula situam-se no campo dos investimentos realizados pelas partes para a efetivação da franquia: adequação do estabelecimento empresarial, locação de equipamentos, contratação de pessoal etc., motivos que sugerem certos cuidados na previsão de resilição sem justa causa, sem imposição de encargos à parte que deu causa;" NEGRÃO, Ricardo. **Curso de direito comercial e de empresa**: títulos de crédito e contratos empresariais. 6. ed. São Paulo: Saraiva, 2017, pp. 322-323.

[162] COELHO, Fábio Ulhoa. **Novo manual de direito comercial**. Direito de empresa. 31. ed. São Paulo: RT, 2020, p. 393.

da parte, conforme demonstrado no item 3.2 desse estudo, em que foram indicados julgados do Superior Tribunal de Justiça que declaram a impossibilidade de as partes contratantes permanecerem contratadas contra a sua vontade, devendo ser eventuais abusividades resolvidas em perdas e danos.

Confiram-se, a propósito, as ponderações de Fran Martins, a respeito da possibilidade de resilição unilateral sem justa causa em contratos de franquia firmados com prazo determinado de vigência:

> Se, por qualquer motivo, não interessa mais ao franqueado a continuação da franquia, basta comunicar ao franqueador sua intenção do desfazimento do contrato, sem necessidade de explicar os motivos por que assim o faz[163].

Embora possível em contratos firmados por prazo determinado, a denúncia ou resilição unilateral normalmente sujeita o denunciante a perdas e danos. Isso porque, havendo ou não dano emergente, a cessação do contrato antes do prazo ajustado para sua vigência, em princípio, implicará pelo menos em lucros cessantes.

Ainda em relação à resilição, seus efeitos são *ex nunc*, de maneira que as prestações cumpridas no contrato de trato sucessivo se mantêm hígidas.

A rescisão, por fim, é a ruptura do contrato em que houve lesão, aproximando-se assim da anulabilidade. Cumpre, contudo, destacar comentário de Fábio Ulhoa Coelho, para quem "costuma-se empregar o termo 'rescisão' como equivalente à 'dissolução' do contrato – embora alguma doutrina manifeste reservas em relação a isto, referindo-se à rescisão como uma forma específica de dissolução (a derivada de lesão – art. 157 do CC)"[164].

A rescisão somente pode ser obtida pela via judicial. Haverá a lesão, a ensejar a rescisão, nas hipóteses de desequilíbrio entre as prestações de um contrato comutativo ou de vício de consentimento. Exige-se a presença do elemento subjetivo, já que a vantagem desproporcional, obtida por uma das partes, deve ser decorrente da exploração de inexperiência ou necessidade da contraparte ao momento da celebração do contrato.

A sentença rescisória retroage à data da celebração do contrato (efeito *ex tunc*).

Caberá rescisão, ainda, se o contrato tiver sido celebrado em estado de perigo, hipótese muito próxima da anulação por vício de coação.

---

[163] MARTINS, Fran. **Curso de direito comercial**: contratos e obrigações comerciais. 17. ed. Rio de Janeiro: Forense, 2017, p. 404.

[164] COELHO, Fábio Ulhoa. **Novo manual de direito comercial**. Direito de empresa. 31. ed. São Paulo: RT, 2020, p. 393.

4. CONTROVÉRSIAS ENVOLVENDO CONTRATOS DE FRANQUIA

4.1 Linhas gerais

O relacionamento entre franqueador e franqueado tem por objetivo comum a geração de lucro a ambas as partes. Para que se mantenham focadas no objetivo comum, as partes contratantes devem estar em plena sintonia, do início ao fim da parceria comercial.

Idealmente, espera-se dos contratantes que esclareçam os fatos relevantes e as situações atinentes à contratação; procurem razoavelmente equilibrar as prestações de parte a parte; compartilhem informações com clareza e elucidem o conteúdo do contrato, desde o início da relação, objetivando evitar eventuais interpretações divergentes e cláusulas leoninas; e cumpram suas obrigações nos moldes pactuados, em consonância com os fins econômicos e sociais do contrato. Devem as partes, portanto, envidar seus melhores esforços para que a extinção do contrato não venha a ensejar resíduos ou situações de enriquecimento sem causa.

Todavia, como já comentado, assim como todo contrato de trato continuado, o contrato de franquia não está imune a controvérsias, pelo contrário.

A seguir, serão listados alguns fatores com potencial de gerarem desgaste no relacionamento entre o franqueador e os franqueados:

- falta de alinhamento entre as expectativas das partes: tanto o franqueador corre o risco de aumentar as perspectivas do franqueado sobre o retorno do investimento, como o franqueado pode majorar suas expectativas em relação às informações sobre o capital de giro disponível e sobre o tempo para dedicação ao negócio;
- confusão quanto aos papéis desempenhados por franqueado e por franqueador: as responsabilidades devem ser complementares e claramente

definidas, de modo a evitar, por exemplo, questionamentos por parte do franqueado quanto a decisões tomadas pelo franqueador;
- diferenças nas percepções estratégicas das partes;
- alteração do grau de dependência do franqueado em relação ao franquea-dor: em um primeiro momento, o franqueado é novo na rede e tem muito a aprender com o franqueador. Com o passar do tempo, pode ganhar segurança e passar a questionar a decisão de abertura de um negócio na condição de franqueado e a necessidade de pagamento das taxas. Nesses casos, compete ao franqueador o desafio de manter a percepção de valor no relacionamento, fortalecendo a relação com seus franquea-dos de forma a elevar o comprometimento destes;
- falta de consulta pelo franqueador ao franqueado sobre decisões imple-mentadas e que afetam o negócio; e
- baixa rentabilidade do negócio: a tolerância do franqueado às ações do franqueador tende a ser menor quando aquele está insatisfeito com o resultado apurado do seu negócio.

Maria Eugênia Finkelstein traça oportunos comentários a respeito de hipó-teses de extinção de contratos de franquia, incluindo aquelas decorrentes de desgastes gerados no curso da vigência do contrato, como, por exemplo, em casos nos quais "o franqueado apresentar conduta que atrapalhe a boa imagem dos produtos"[165]. Até mesmo porque, a performance insatisfatória do franqueado perante o cliente reflete direta e negativamente na imagem da marca do franqueador junto ao mercado.

A extinção dos contratos de franquia é um de seus momentos mais críti-cos. Não raramente, surgem desentendimentos e, às vezes, demandas judiciais ou procedimentos arbitrais são instaurados para a solução de controvérsias.

A doutrina conta com comentários e recomendações de todo o gênero aplicáveis à mitigação de disputas entre franqueador e seus franqueados. O ponto comum das recomendações se concentra na necessidade de as par-tes trocarem exaustivas informações durante o momento pré-contratual[166].

---

[165] FINKELSTEIN, Maria Eugênia. **Manual de direito empresarial**. 8. ed. São Paulo: Atlas, 2016, p. 326.

[166] "Minha orientação inclusive neste sentido é que se aproveite o ensejo da celebração do pré--contrato para nele se determinar claramente hipóteses de rompimento antes da assinatura do contrato de franquia. Hipóteses em que as partes já saberão que se assim procederem estarão su-jeitas às penalidades descritas no referido contrato. Todavia, considero ser o mais importante para o candidato/franqueado ter plena certeza de sua intenção antes da assinatura deste instrumento

4. CONTROVÉRSIAS ENVOLVENDO CONTRATOS DE FRANQUIA

Há medidas que, se adequadamente implementadas, poderiam, se não evitar, ao menos simplificar as controvérsias entre franqueador e franqueados ao término das respectivas parcerias. Confiram-se, a seguir, algumas delas:

- coletar evidências e declaração expressa de que o franqueado (i) foi assessorado a respeito do alcance e das consequências do quanto previsto na carta de oferta de franquia e do que está contratando (assessorias jurídica e financeira) e (ii) participou ativamente das negociações dos termos contratados, de modo a evitar configuração de vício de vontade;
- se a contratação for feita com prazo determinado de vigência, dispor de forma detalhada a respeito da possibilidade e de como se procederia eventual renovação desse prazo;
- declaração das partes a respeito do prazo que entendem razoável para amortizar os investimentos realizados;
- indicação em comum acordo de metas de performance que se reputem razoáveis; e
- procedimento aplicável à denúncia contratual motivada ou imotivada (*i.e.*, hipóteses de cabimento, possibilidade de remediação de inadimplemento, pré-aviso, necessidade de recompra de estoque, verbas rescisórias, obrigações pós contratuais de confidencialidade e de não concorrência etc.).

Às situações que não puderem ser solucionadas amigavelmente pelas partes contratantes, além do processo de mediação, restam os processos judiciais ou arbitrais, conforme o caso.

A seguir serão pinceladas e comentadas algumas disputas envolvendo contratos de franquia que foram submetidas à solução por procedimento arbitral e/ou pelo Poder Judiciário.

---

pré-contratual, pois, com ele em vigor, passará a estar sujeito a arcar com as sanções dele advindas por seu descumprimento. Da mesma forma a franqueadora deve pensar que, muito embora, em regra, esteja protegida por cláusulas que lhe asseguram o rompimento caso verifique a inadequação do franqueado em alguma dessas etapas precedentes, jamais poderá, deliberadamente, lhe causar prejuízos. Ou seja, quando a franqueadora resolve contratar com determinado candidato sabe que a partir daquele momento começarão para ele os investimentos financeiros para implantação de sua unidade. Portanto, a despeito de qualquer resguardo contratual, sempre que for de intenção da franqueadora romper sem justo motivo com a relação, antes da assinatura do contrato definitivo, deverá levar em conta tudo o que foi despendido por seu candidato a fim de não lhe causar danos". JESS, Ana Cristina Von. **Franchising no Brasil**: tudo o que você precisa saber. Rio de Janeiro: Lumen Juris, 2018, pp. 18-19.

4.2 Arbitragem como meio de solução de disputas envolvendo franquia

A arbitragem é um método heterocompositivo de resolução de controvérsias, em que um terceiro neutro, investido de jurisdição, resolve a disputa. Apresenta-se como alternativa à jurisdição estatal e, como consequência, possui características distintas que podem torná-la um método mais (ou menos) adequado a determinadas disputas, quando comparado à via judicial.

Especificamente em relação a disputas provenientes de contrato de franquia, Francisco José Cahali, em artigo sobre o tema, elenca como principais vantagens da arbitragem:

- a celeridade – em sendo o contrato de franquia de longa duração, a rápida resolução da disputa leva a uma menor animosidade, que permite às partes focarem no desenvolvimento da relação comercial. A celeridade da resolução de disputas envolvendo contratos de franquia, ademais, desperta preocupação dos estudiosos do tema, na medida em que a demora na solução das controvérsias pode ser prejudicial não apenas às partes contratantes, mas ao mercado como um todo[167];

[167] "Esse espírito deve notadamente imperar quando se fala de franquia: é um contrato que se funda na parceria, na auto-ajuda, no mutualismo. O franqueado é geralmente a figura mais dependente, no que diz respeito à atividade econômica propriamente dita, o que não lhe exclui suas características de ente dotado de personalidade jurídico-econômica, enquanto agente capaz e racional, dotado de plena e completa autonomia para buscar informações e recursos antes, durante e após a sua relação contratual. É ele quem toma as rédeas do empreendimento e arca com a maioria dos investimentos em infraestrutura. Qualquer descumprimento do contrato por parte do franqueador pode gerar uma lesão capaz de prejudicar o futuro do empreendimento. Por isso a indenização tem mesmo de ser imediata e eficaz. Não menos importante, todavia, são os direitos do franqueador, já que ele concederá direitos sobre sua marca, seu nome, seu produto, enfim a sua reputação, bem como a dos demais franqueados. Ações indesejadas de um franqueado, que integra determinada rede de franchising, igualmente podem prejudicar o futuro do empreendimento, considerando que um dos pilares do sistema é a credibilidade da marca (o que inclui confiança do consumidor, respeito, tradição, dentre outros componentes). Em breve exemplo, o franqueado que deixa de pagar pontualmente suas obrigações financeiras do contrato pode ser muito menos prejudicial à rede do que um franqueado que descaracterize a sua unidade franqueada ou que revenda produtos ou preste serviços extremamente aquém dos padrões de qualidade da franquia. Por esses motivos, a indenização tem de ser mesmo eficiente, completa e rápida, pois os danos emergentes das infrações contratuais – qualquer que sejam a sua natureza – serão importantes para as partes. Não menos importante e expedita deverá ser a atuação do Judiciário: numa relação de franchising, o escopo muitas vezes não se limita apenas ao franqueador e franqueado. Com efeito, além dos consumidores do serviço ou produto, algum inadimplemento de qualquer das partes poderá trazer

4. CONTROVÉRSIAS ENVOLVENDO CONTRATOS DE FRANQUIA

- a confidencialidade – além de resguardar segredos comerciais e de *know--how*, protege a captação de novos franqueados pelo franqueador e o franqueado de ter o seu negócio colocado em dúvida;
- a *expertise* e disponibilidade do árbitro – o conhecimento específico sobre a matéria e a dedicação à resolução da disputa pelo árbitro tendem a levar a uma decisão de maior qualidade técnica; e
- a flexibilidade do procedimento – as partes podem adaptar o procedimento levando a uma resolução mais eficiente da disputa[168].

Com relação a esse último ponto, embora a arbitragem seja marcada pela flexibilidade, o aumento do volume de casos, somado à indisponibilidade do árbitro e a atuação de advogados pouco familiarizados com o instituto, têm levado a uma gradual aproximação do procedimento arbitral com o processo judicial e a um baixo aproveitamento dessa vantagem.

Além disso, a confidencialidade mitiga as chances de o franqueador se ver acionado por toda a sua rede de parceiros, incentivada por eventual divulgação de resultado favorável a determinado franqueado em um processo isolado.

Luciano Timm acrescenta que a resolução de conflitos por meio da arbitragem leva a uma redução nos custos de transação, o que implica maior rentabilidade do negócio. Dentre os fatores que contribuem para esse panorama estão, além daqueles já mencionados, a previsibilidade da arbitragem em relação ao Poder Judiciário[169].

Nesse sentido, Luciano Timm destaca, ainda, que o Poder Judiciário pátrio tem, em geral, uma preocupação com a justiça social das decisões, o que acarreta, em alguns casos, disparidades e, em outros, decisões atécnicas ou até mesmo teratológicas[170].

---

consequências nefastas aos demais franqueados. Essa dimensão social tem por vezes de ser levada em conta, pelo Estado-Juiz ao decidir uma lide, seja no momento de conceder uma liminar ou por ocasião da fixação da indenização a ser paga pela parte infratora." CREUZ, Luís Rodolfo Cruz e; OLIVEIRA, Bruno Batista da Costa de. Indenização no sistema de franquia empresarial. **Revista dos Tribunais**, São Paulo, v. 852, out. 2006, pp. 74-75, out. 2006.

[168] PASTORE, Ana Cláudia; CAHALI, Francisco José; RODOVALHO, Thiago. O uso de ADRS nas disputas de franquia. **Revista Brasileira de Arbitragem, Arbitragem e Mediação em Matéria de Propriedade Intelectual**. CBAr & IOB. 2014, pp.169-170.

[169] TIMM, Luciano Benetti; SOUZA DIAS, Lucas de. Arbitragem nos contratos de franquia. **Revista Brasileira de Arbitragem**, v. 6, n. 21, jan.-mar., 2009, pp. 49-51.

[170] TIMM, Luciano Benetti; SOUZA DIAS, Lucas de. Arbitragem nos contratos de franquia. **Revista Brasileira de Arbitragem**, v. 6, n. 21, jan.-mar., 2009, p. 51.

Em virtude da publicidade das decisões judiciais, é possível auferir com maior tranquilidade o entendimento dos diversos tribunais pátrios acerca de questões envolvendo o sistema de *franchising*. Por outro lado, a larga confidencialidade ou, ao menos, a privacidade[171] da arbitragem, dificultam a apuração de uma "jurisprudência arbitral" sobre as disputas envolvendo diferentes setores, indústrias e matérias submetidas à arbitragem[172], inclusive quanto ao instituto da franquia.

Visando explorar e relação entre arbitragem e franquia, realizou-se levantamento não exauriente perante o Tribunal de Justiça do Estado de São Paulo e o Superior Tribunal de Justiça de processos judiciais decorrentes de sentenças arbitrais proferidas em demandas envolvendo contratos de franquia (notadamente, ações anulatórias ajuizadas com base no artigo 33 da Lei n. 9.307, de 23 de setembro de 1996[173], conforme alterada pela Lei n. 13.129, de 26 de maio de 2015 –"Lei de Arbitragem", e procedimentos de cumprimento/execução de sentenças não adimplidas voluntariamente).

Foram examinadas 15 sentenças arbitrais; apenas uma delas sofreu interferência pelo Poder Judiciário, caso em que se reputou necessária a produção de prova pericial que havia sido dispensada pelo Tribunal arbitral.

---

[171] Em trabalho dedicado ao assunto, Ileana M. Smeureanu pondera que a privacidade está ligada unicamente às audiências, ao passo que a confidencialidade analisada em abstrato é um estado de segredo atrelado aos materiais criados, apresentados ou utilizados no contexto de um procedimento arbitral: "Analyzed in abstracto, unlike privacy, confidentiality is a state of secrecy attached to the materials created, presented and used in the context of the arbitral process". SMEUREANU, Ileana M. **Confidentiality in international commercial arbitration**. The Hague: Kluwer Law International, 2011, pp. 4-5. Tradução livre: "Analisada em abstrato, diferentemente da privacidade, confidencialidade é um estado de segredo atrelado aos materiais criados, apresentados e utilizados no contexto do processo arbitral".

[172] RAMIREZ, Maria Eugenia; TAGTACHIAN, Daniela. The precedential effect of increasing transparency. **ICC Dispute Resolution Bulletin**, 2017, pp. 45-46.

[173] "Art. 33. A parte interessada poderá pleitear ao órgão do Poder Judiciário competente a declaração de nulidade da sentença arbitral, nos casos previstos nesta Lei. § 1º A demanda para a declaração de nulidade da sentença arbitral, parcial ou final, seguirá as regras do procedimento comum, previstas na Lei n. 5.869, de 11 de janeiro de 1973 (Código de Processo Civil), e deverá ser proposta no prazo de até 90 (noventa) dias após o recebimento da notificação da respectiva sentença, parcial ou final, ou da decisão do pedido de esclarecimentos. § 2º A sentença que julgar procedente o pedido declarará a nulidade da sentença arbitral, nos casos do art. 32, e determinará, se for o caso, que o árbitro ou o tribunal profira nova sentença arbitral. § 3º A decretação da nulidade da sentença arbitral também poderá ser requerida na impugnação ao cumprimento da sentença, nos termos dos arts. 525 e seguintes do Código de Processo Civil, se houver execução judicial. § 4º A parte interessada poderá ingressar em juízo para requerer a prolação de sentença arbitral complementar, se o árbitro não decidir todos os pedidos submetidos à arbitragem".

4. CONTROVÉRSIAS ENVOLVENDO CONTRATOS DE FRANQUIA

Apesar de serem públicos os processos judiciais dos quais foram extraídas cópias das sentenças arbitrais analisadas para este estudo, as informações ora divulgadas restringem-se a dados essenciais das próprias demandas judiciais, setor explorado pelo sistema de franquias levado à disputa e principais discussões verificadas.

O conjunto de 15 decisões analisadas, embora não seja representativo a ponto de se extrair uma "jurisprudência arbitral" em matéria de franquias, permite inferir algumas conclusões acerca da condução de procedimentos arbitrais e do método decisório empregado pelos árbitros em disputas envolvendo relações de franquias.

No tocante à condução do procedimento arbitral, há, como regra, a realização de ao menos uma audiência para oitiva de testemunhas e representantes legais, além da apresentação oral dos argumentos, podendo ocorrer em maior número[174].

Ademais, verifica-se com frequência a realização de perícias técnicas, havendo, inclusive, caso em que o seu indeferimento ensejou a nulidade da sentença arbitral (única sentença arbitral anulada, dentre as 15 avaliadas neste estudo)[175].

Também no que diz respeito às provas produzidas em procedimentos arbitrais, cumpre abordar as especificidades de casos que envolviam mais de um contrato de franquia, ou seja, procedimentos em que mais de um franqueado litigava contra o mesmo franqueador.

Dentre as sentenças arbitrais analisadas, constam duas em que grupos de franqueados instauraram um único procedimento arbitral contra o franqueador. Em um desses casos, quatro franqueados atuantes no ramo de comercialização de roupas pleitearam a declaração de nulidade dos respectivos contratos de franquia, cumulada com a condenação da franqueadora ao pagamento de indenização por perdas e danos[176]. O fundamento central e comum da tese defendida pelos franqueados residia na má-gestão da rede de franquia pela franqueadora, que culminou no seu fracasso. A identidade de tese viabilizou,

---

[174] "Afora a **fartíssima** prova documental produzida nos autos (que remontariam cerca de 3 volumes), houve, ainda, **amplíssima** produção probatória. Nesse contexto, foram realizadas **três** audiências para oitiva de **dez** testemunhas, fora o depoimento pessoal dos representantes legais das **PARTES,** tendo havido, ainda, **apresentação oral** dos advogados". Sentença Arbitral questionada nos autos do AREsp n. 1.595.533/SP – STJ.

[175] BRASIL. Tribunal de Justiça do Estado de São Paulo. Apelação Cível n. 1062314-34.2015.8.26.0100, Rel. Francisco Loureiro. 1ª Câmara Reservada de Direito Empresarial. 7 de março 2018.

[176] Sentença Arbitral questionada na MC n. 25.168/SP – STJ.

CONTRATOS DE FRANQUIA: ORIGEM, EVOLUÇÃO LEGISLATIVA E CONTROVÉRSIAS

naquele caso, a produção de prova pericial única em benefício dos diferentes franqueados.

O mesmo aproveitamento de prova não ocorreu em outro caso, em que três franqueados de uma mesma rede de sapatarias iniciaram procedimento arbitral único contra o franqueador, alegando descumprimento de cláusula de exclusividade territorial[177]. Em que pese a identidade do fundamento jurídico dos pedidos, havia questões de fato específicas a cada um dos franqueados relacionadas aos raios territoriais de exclusividade que demandaram a produção de prova técnica específica e individualizada.

Ainda com relação às decisões arbitrais analisadas, nota-se uma tendência dos árbitros em (i) atentarem-se aos termos do contrato[178]; (ii) analisarem a conduta das partes a partir do postulado da boa-fé objetiva[179]; e (iii) reduzirem os valores das multas contratuais[180].

A planilha abaixo sintetiza as informações colhidas das sentenças arbitrais analisadas:

---

[177] Sentença Arbitral questionada nos autos do AREsp n. 1.551.353/SP – STJ.

[178] "Ora, é justamente por meio dos contratos que uma parte busca vincular a outra, evitando-se comportamentos contrários, indesejáveis ou oportunistas. Como ensina Machado de Assis: 'a vida é cheia de obrigações que a gente cumpre por mais vontade que tenha de as infringir deslavadamente'". Sentença Arbitral questionada nos autos da Ap. Civ. n. 1081400-54.2016.8.26.0100 – TJSP. "Estabeleceu o legislador uma máxima de compreensão clara e indubitável: os contratos devem ser cumpridos e toda infração ao avençado que gerar danos será indenizada". Sentença Arbitral questionada nos autos da Ap. Civ. n. 1008312-12.2018.8.26.0100 – TJSP.

[179] "O princípio da boa-fé objetiva é paradigma nos contratos privados, pois o Direito Civil passou a se preocupar muito mais com os valores existenciais do que os patrimoniais, valorizando a conduta de lealdade dos contratantes em todas as fases contratuais". Sentença Arbitral questionada nos autos da Ap. Civ. 1122507-78.2016.8.26.0100 – TJSP. "A todo sentir, aplica-se ao caso a figura jurídica da *supressio,* consubstanciada no art. 187 do Código Civil e que, fundada no princípio da boa-fé objetiva, qualifica como inadmissível o exercício do direito em contrariedade com o prévio comportamento da parte que o invocar". Sentença Arbitral executada nos autos do Cumprimento de Sentença n. 1015999-68.2013.8.26.0309 – TJSP.

[180] "Assim, se passível a redução da cláusula penal contratualmente prevista até mesmo de ofício, seu abrandamento se justifica em razão das falhas perpetradas pela Solicitada, que, sem isso, afigurar-se-á excessiva". Sentença Arbitral questionada nos autos do AREsp n. 1.595.533/SP – STJ.

4. CONTROVÉRSIAS ENVOLVENDO CONTRATOS DE FRANQUIA

Número	Segmento	Objeto	Observações	Data da Sentença Arbitral
TJSP – Cumprimento de Sentença n. 1015999 68.2013.8.26.0309, 6ª Vara Cível – Comarca de Jundiaí.	Odontologia	(i) término de contratos de franquia; (ii) cláusulas de não concorrência; (iii) pagamento de taxas e *royalties*; (iv) lucros cessantes; (v) multas contratuais; (vi) danos morais.	Envolve contratos coligados; elaboração de regulamento de arbitragem próprio; inclusão dos sócios; cláusula escalonada.	6.3.2013
STJ – AREsp n. 1.551.353/SP, Rel. Min. Marco Aurélio Bellizze, 3ª Turma.	Sapataria	(i) cláusula de territorialidade – direito de preferência para abertura de novas franquias; (ii) *royalties*.	Litisconsórcio ativo; concessão de medida liminar.	12.4.2013
STJ – AREsp n. 1.435.566/SP, Rel. Min. Marco Aurélio Bellizze, 3ª Turma.	Selador de pneus	(i) término e anulação de contrato de franquia; (ii) pagamento de taxas; (iii) indenização por danos materiais e lucros cessantes; (iv) multas contratuais; (v) COF – qualidade técnica do produto; (vi) cláusula de exclusividade.	Indeferimento de prova pericial; anulação da sentença pelo TJSP; medida cautelar para bloqueio de valores.	21.5.2015
TJSP – Ap. Civ. n. 1081400-54.2016.8.26.0100, Rel. Fortes Barbosa, 1ª Câmara Reservada de Direito Empresarial.	Escola de idiomas	(i) execução da atividade de franquia sem assinatura do contrato; (ii) não concorrência; (iii) fundo de comércio.	Medida liminar; validade de cláusula compromissória; extensão subjetiva da cláusula compromissória; preclusão.	
TJSP – Ap. Civ. n. 1008312-12-2018.8.26.0100, Rel. Azuma Nishi, 1ª Câmara Reservada de Direito Empresarial.	Decoração	(i) término de contrato de franquia; (ii) multas contratuais; (iii) uso indevido de marca; (iv) não concorrência.	–	31.8.2017
TJSP – Impugnação de Crédito n. 0029074-37.2016.8.26.0100, 2ª Vara de Falências e Recuperações Judiciais – Foro Central.	Clínica de estética	(i) término de contrato de franquia; (ii) fornecimento de equipamentos não regulamentados pela Anvisa; (iii) dano moral.	Medida liminar.	18.4.2012

Número	Segmento	Objeto	Observações	Data da Sentença Arbitral
STJ – MC n. 25.168/SP, Rel. Min. Paulo de Tarso Sanseverino, 3ª Turma.	Confecção	(i) nulidade de contrato de franquia; (ii) indenização por danos morais e materiais; (iii) lucros cessantes; (iv) COF – informações inverídicas.	Litisconsórcio ativo; tutela antecipada;	22.11.2012
TJSP – Cumprimento de Sentença n. 1007324-93.2014.8.26.0564, 9ª Vara Cível – Comarca de São Bernardo do Campo.	Oficina de automóveis	(i) término de contrato de franquia; (ii) licenciamento de uso de marca; (iii) COF-omissão de informações.	–	13.5.2013
TJSP – Agravo de Instrumento n. 2054353-63.2017.8.26.0000, Rel. João Pazine Neto, 37ª Câmara de Direito Privado.	Mochilas e malas	(i) denúncia abusiva do contrato de franquia.	–	12.1.2016
TJSP – Ap. Civ. n. 1055034-05.2016.8.26.0576, Rel. Fortes Barbosa, 1ª Câmara Reservada de Direito Empresarial.	Abrasivos	(i) nulidade e término de contrato de franquia; (ii) COF – omissão de informações; (iii) concorrência desleal.	Contratos coligados; pedido de gratuidade de justiça.	3.6.2016
TJSP – Ap. Civ. n. 1122507-78.2016.8.26.0100, Rel. Fortes Barbosa, 1ª Câmara de Direito Empresarial.	Alimentos	(i) término de contrato de franquia.	Prescrição.	18.8.2016
STJ – AREsp n. 1.595.533/SP, Rel. Min. Nancy Andrighi, 3ª Turma.	Academias de ginástica	(i) término de contrato de franquia; (ii) não concorrência; (iii) multa contratual.	–	31.5.2017

4. CONTROVÉRSIAS ENVOLVENDO CONTRATOS DE FRANQUIA

Número	Segmento	Objeto	Observações	Data da Sentença Arbitral
TJSP – Ap. Civ. n. 1021051-28.2017.8.26.0625, Rel. Ricardo Negrão, 2ª Câmara Reservada de Direito Empresarial.	Salão de beleza	(i) término de contrato de franquia; (ii) não concorrência; (iii) multa contratual.	Oposição jurisdicional; extensão subjetiva da cláusula compromissória.	22.9.2017
STJ – AREsp n. 1.642.043/SP, Min. Presidente do STJ.	Alimentos	(i) término de contrato de franquia; (ii) não concorrência; (iii) multa contratual; (iv) taxas e *royalties*.	Contratos coligados; medida cautelar pré-arbitral.	10.1.2018
STJ – AREsp 581.519/SC, Rel. Min. Marco Aurélio Bellizze.	Alimentos	(i) nulidade de contrato de franquia; (ii) COF – descumprimento do prazo de apresentação; (iii) indenização por danos morais e materiais; (iv) lucros cessantes.	–	8.7.2019

A arbitragem é uma escolha e, portanto, a parte deveria ser capaz de indicar (ainda que de forma particular e subconsciente) o motivo que a levou a utilizar-se daquele método de resolução de disputas, inclusive para que possa aproveitar melhor as vantagens inerentes ao instituto.

A realidade indica, todavia, que uma série de setores e indústrias tem se utilizado da arbitragem como o meio automático de resolução de disputas[181], implicando em um esvaziamento da efetiva escolha das partes[182].

[181] Isso não se confunde com a exigência de se remeter à arbitragem, a exemplo do que ocorre no setor de energia elétrica (art. 58 da Resolução ANEEL n. 109/2004) e nas disputas societárias envolvendo companhias negociadas no Novo Mercado da B3 (art. 39 do Regulamento do Novo Mercado).

[182] "Arbitration clauses are almost universally included in international commercial agreements today, not for the reason that they are necessarily the best solution to dispute resolution, but because each party is unwilling to trust important disputes to the courts of its opposite contracting party. It is thus clear that parties which are contracting in the construction, engineering, manufacturing or mineral extraction arenas must be prepared not only to accept or refuse a dispute settlement mechanism, but must be equally prepared to negotiate the terms of such a clause to their advantage". LAYTON, Robert. Changing attitudes toward dispute resolution in Latin America. **Journal**

Com efeito, o correto seria uma análise realizada caso a caso, constatando-se (i) a possibilidade de se contratar profissionais especializados para atuar no procedimento; e (ii) os custos de eventual procedimento, destacando-se que a escolha da instituição tem importante impacto no procedimento, através do regulamento de arbitragem aplicável.

Essas ponderações são particularmente verdadeiras no que diz respeito à utilização da arbitragem no mercado de franquias. Há variáveis que, a depender do caso, poderão indicar ser a arbitragem mais ou menos adequada enquanto método de resolução de disputas a ser utilizado pelo setor. Exemplos destes fatores são o diferente grau de complexidade dos arranjos contratuais dos sistemas de franquia, as diferentes indústrias exploradas, o estabelecimento, o desenvolvimento e a maturação dos sistemas de franquias por empresários e o tamanho do negócio objeto da franquia.

Estes elementos também podem interferir em diversos aspectos do procedimento arbitral. A escolha de uma instituição que possua custas mais módicas, a submissão da disputa a árbitro único, o estabelecimento de um procedimento mais célere e enxuto, com menos manifestações etc. possui relação direta com a essência do negócio em discussão e sua complexidade, o que pode variar de forma acentuada quando consideradas as particularidades dos inúmeros sistemas de franquias hoje existentes, além de suas modalidades.

Os fatores indicados acima não são, evidentemente, exaurientes. Diversos outros elementos devem ser considerados em decorrência das particularidades de cada negócio.

De toda a forma, espera-se que a arbitragem continue sendo utilizada como meio de solução de disputas em contratos de franquia. Quando empregada de forma correta, caracteriza-se como método eficiente de solução de controvérsias no âmbito empresarial e apresenta uma série de benefícios, colaborando, em última instância, para uma resolução de disputas mais eficiente, podendo ser considerada, a depender das especificidades de cada caso, favorável à condução dos negócios na seara das franquias.

---

of International Arbitration, v. 10, 1993, p. 123. Tradução livre: "Cláusulas compromissórias são, na atualidade, quase universalmente incluídas em contratos comerciais internacionais, não por ser necessariamente a melhor solução para resolução de disputa, mas porque cada parte é reticente em confiar nas cortes de sua contraparte. É, portanto, claro que as partes que estão contratando nos ramos de construção, engenharia, produção de bens ou extração de minérios precisam estar preparadas para não somente aceitar ou recusar um mecanismo de resolução de disputas, mas precisam estar igualmente preparadas para negociar os termos de determinada cláusula em seu benefício".

4. CONTROVÉRSIAS ENVOLVENDO CONTRATOS DE FRANQUIA

Conforme mencionado, a Lei n. 13.966/2019 conta com dispositivo expresso sobre a utilização de arbitragem para resolução de disputas provenientes dos contratos de franquia, destacando, sem ressalvas, que "[a]s partes poderão eleger juízo arbitral para solução de controvérsias relacionadas ao contrato de franquia"[183].

Trata-se de tema que, antes de sancionada a Lei n. 13.966/2019, vinha sendo objeto de intenso debate no Superior Tribunal de Justiça e que gerava insegurança jurídica quanto à utilização de arbitragem em franquia.

A 3ª Turma do Superior Tribunal de Justiça proferiu decisão no Recurso Especial n. 1.602.076[184] – conhecida como "Caso GOU" – declarando uma cláusula compromissória nula por não atender às exigências do artigo 4º, § 2º da Lei de Arbitragem[185].

Naquela oportunidade, a relatora, Ministra Nancy Andrighi, entendeu que os contratos de franquia: (i) não se sujeitam ao Código de Defesa do Consumidor, em virtude da sua natureza empresarial, e (ii) são de adesão, devendo a cláusula compromissória ser inserida em documento apartado ou no próprio contrato, desde que negritada e com visto próprio. Não obstante o debate doutrinário acerca da paridade do contrato de franquia, a cautela indicava – em virtude do precedente – cumprir os requisitos especiais de forma, sob risco de ter a cláusula compromissória declarada nula *prima facie*:

> Levando em consideração todo o exposto, o Poder Judiciário pode, nos casos em que *prima facie* é identificado um compromisso arbitral "patológico", i.e., claramente ilegal, declarar a nulidade dessa cláusula instituidora da arbitragem, independentemente do estado em que se encontre o procedimento arbitral[186].

O julgado foi especialmente criticado pelos termos vagos em que relativizou o princípio competência-competência, abrindo portas para perigosas

---

[183] Art. 7º, § 1º.

[184] BRASIL. Superior Tribunal de Justiça. Recurso Especial n. 1.602.076/SP. 3ª Turma, Rel. Nancy Andrighi. 15 de setembro de 2016.

[185] Art. 4º, § 2º "Nos contratos de adesão, a cláusula compromissória só terá eficácia se o aderente tomar a iniciativa de instituir a arbitragem ou concordar, expressamente, com a sua instituição, desde que por escrito em documento anexo ou em negrito, com a assinatura ou visto especialmente para essa cláusula".

[186] BRASIL. Superior Tribunal de Justiça. Recurso Especial n. 1.602.076/SP, Rel. Min. Nancy Andrighi, 3ª Turma. 15 de setembro de 2016.

interpretações sobre o que seria uma "ilegalidade *prima facie*", tema que não cabe aprofundamento neste estudo[187]. O que merece crítica diz respeito à conclusão peremptória lançada no julgado, de que todo contrato de franquia deve ser considerado "de adesão", ensejando a aplicação imediata do artigo 4º, § 2º da Lei de Arbitragem.

Realmente, tanto a legislação anterior[188] como a Nova Lei de Franquia[189] estabelecem a necessidade de que a carta de oferta de franquia seja disponibilizada ao potencial franqueado juntamente de modelo de contrato padrão de franquia ou modelo de pré-contrato padrão. Isso não significa dizer que inexiste margem para negociação. A análise acerca da paridade do contrato de franquia (e, portanto, sua eventual e excepcional caracterização como contrato de adesão) deve ser realizada caso a caso, tomando por base as particularidades das negociações envolvendo aquele contrato específico, não sendo razoáveis generalizações tal como aquela feita pelo acórdão em comento.

De fato, o candidato a franqueado não está obrigado a contratar com determinado franqueador. Não lhe sendo convenientes os termos esposados da carta de oferta de franquia, compete ao candidato a franqueado buscar no mercado condições ofertadas em outras redes de franquias, ou negociar diretamente com aquele franqueador.

---

[187] Para aprofundamento do tema, recomenda-se: TORRE, Riccardo Giuliano Figueira. The annulment of prima facie pathological arbitration clauses as a new exception to the competence--competence principle: analyzing the Brazilian Superior Court of Justice's decision vis-à-vis U.S. case law. **Revista de Arbitragem e Mediação**, v. 56, jan.-mar. 2018; BRANCHER, Paulo Marcos Rodrigues. Ilegalidade prima facie como limitador do princípio da competência-competência. Uma análise em relação a matérias de ordem pública. **Revista de Arbitragem e Mediação**, v. 53, abr.-jun. 2017.

[188] Lei n. 8.955/1994: "Art. 3º Sempre que o franqueador tiver interesse na implantação de sistema de franquia empresarial, deverá fornecer ao interessado em tornar-se franqueado uma circular de oferta de franquia, por escrito e em linguagem clara e acessível, contendo obrigatoriamente as seguintes informações: [...] XV – modelo do contrato-padrão e, se for o caso, também do pré--contrato-padrão de franquia adotado pelo franqueador, com texto completo, inclusive dos respectivos anexos e prazo de validade".

[189] Lei n. 13.966/2019: "Art. 2º Para a implantação da franquia, o franqueador deverá fornecer ao interessado Circular de Oferta de Franquia, escrita em língua portuguesa, de forma objetiva e acessível, contendo obrigatoriamente: [...] XVI – modelo do contrato-padrão e, se for o caso, também do pré-contrato-padrão de franquia adotado pelo franqueador, com texto completo, inclusive dos respectivos anexos, condições e prazos de validade;"

4. CONTROVÉRSIAS ENVOLVENDO CONTRATOS DE FRANQUIA

Em contraposição ao comentado julgado, há um acórdão da Segunda Seção do Superior Tribunal de Justiça que versou sobre a extensão subjetiva da cláusula compromissória por cessão de contrato de franquia[190].

No caso, o franqueador instaurou procedimento arbitral contra uma série de franqueadas, todas controladas pelo mesmo empresário. Ocorre que uma das requeridas não era signatária da cláusula compromissória, apesar de ser controlada e representada pela mesma pessoa, além de efetivamente executar o contrato. Os franqueados, a seu turno, propuseram uma ação judicial perante a 2ª Vara Cível e Empresarial da Comarca de Belém/PA requerendo a declaração de nulidade da cláusula compromissória e a manutenção dos contratos.

O juiz acolheu os pedidos das franqueadas. Já o árbitro único reconheceu a sua jurisdição *prima facie*, em virtude: (i) da efetiva execução do contrato pela franqueada não signatária; (ii) de a parte ser do mesmo grupo econômico, inclusive representada e administrada pelo mesmo empresário; e (iii) de a parte não signatária pleitear em juízo a manutenção do contrato, indicando que entendia estar sujeita aos termos do contrato. Por fim, foi ressalvado que a decisão poderia ser revista no curso da arbitragem em decorrência de novas provas.

Em seu voto, o Ministro Marco Aurélio Bellizze entendeu que a decisão do juízo da 2ª Vara Cível e Empresarial da Comarca Belém/PA não observou o princípio da competência-competência, devendo ser reformada. Acrescentou, outrossim:

> Da análise acurada dos autos, constata-se que o Juízo Arbitral, em atenção ao disposto no art. 8º da Lei n. 9.307/1996, deliberou, em caráter preliminar, por sua competência para conhecer e julgar o litígio a ele submetido.

Comparando-se os dois casos, pode ser que se note, a princípio, uma contradição. Com efeito, o Superior Tribunal de Justiça[191] produziu, em dois meses, julgados com conclusões diametralmente opostas acerca do mesmo tema: a adoção de arbitragem em contratos de franquia.

---

[190] BRASIL. Superior Tribunal de Justiça. Conflito de Competência n. 146.939/PA. Segunda Seção. Rel. Min. Marco Aurélio Belizze, 23 de novembro de 2016.

[191] Apesar de emanarem de órgãos fracionários distintos, os Ministros Nancy Andrighi, Marco Aurélio Bellizze, Paulo de Tarso Sanseverino e Ricardo Villas Bôas Cueva participaram em ambos os julgamentos.

CONTRATOS DE FRANQUIA: ORIGEM, EVOLUÇÃO LEGISLATIVA E CONTROVÉRSIAS

As distinções dos casos, contudo, merecem exame mais detalhado de forma a identificar convergências que prestigiam o uso da arbitragem no setor. Isso porque nenhum dos julgados apreciou ou declarou a (im)possibilidade de resolução de conflitos decorrentes de contratos de franquia por arbitragem – ante à evidente arbitrabilidade do conflito. A anulação *prima facie* de cláusula compromissória no Caso GOU ocorreu somente em virtude da alegada inobservância do requisito de forma previsto no artigo 4º, § 2º da Lei de Arbitragem – em que pese a possibilidade de aferição de tal nulidade *prima facie*, pelo Poder Judiciário, seja questionável.

Similarmente, os Tribunais estaduais consolidam jurisprudência amigável ao princípio competência-competência em relação a cláusulas compromissórias oriundas de contratos de franquia[192], [193], à exceção de alguns poucos

---

[192] "Contrato de franquia e cláusula compromissória cheia. Arbitragem instituída, sendo que os franqueados reclamam do valor das custas da câmara arbitral. Inadmissibilidade. A derrogação da competência do Judiciário é opção soberana das partes e o direito contratual adquirido (art. 5º, XXXVI, da CF), obriga que cumpram o que foi celebrado (*pacta sunt servanda*). O contrato de franquia é de cunho empresarial e, salvo raríssimas exceções (entre as quais a hipótese dos autos não se insere), não se classifica como adesão a justificar o reconhecimento de ineficácia da cláusula compromissória, como se abusiva fosse. Extinção, sem resolução de mérito, mantida. Não provimento." BRASIL. Tribunal de Justiça do Estado de São Paulo. Apelação Cível n. 1010093-17.2014.8.26.0001. 1ª Câmara Reservada de Direito Empresarial. Rel. Enio Zuliani. 17 de agosto de 2016.

[193] No mesmo sentido: BRASIL. Tribunal de Justiça do Estado de São Paulo. Agravo de Instrumento n. 2263210-80.2018.8.26.0000. 1ª Câmara Reservada de Direito Empresarial. Rel. Cesar Ciampolini. 15.8.2019; BRASIL. Tribunal de Justiça do Estado de São Paulo. Apelação Cível n. 1031785-33.2017.8.26.0562. 2ª Câmara Reservada de Direito Empresarial. Rel. Ricardo Negrão. 8 de abril de 2019; BRASIL. Tribunal de Justiça do Estado de São Paulo. Apelação Cível n. 1106272-36.2016.8.26.0100. 1ª Câmara Reservada de Direito Empresarial. Rel. Alexandre Lazzarini. 8 de maio de 2019; BRASIL. Tribunal de Justiça do Estado de São Paulo. Apelação Cível n. 1001638-86.2016.8.26.0100. 2ª Câmara Reservada de Direito Empresarial. Rel. Alexandre Marcondes. 27 de junho de 2019; BRASIL. Tribunal de Justiça do Estado de São Paulo. Apelação Cível n. 1008756-79.2016.8.26.0564. 1ª Câmara Reservada de Direito Empresarial. Rel. Francisco Loureiro. 26 de fevereiro de 2018; BRASIL. Tribunal de Justiça do Estado de São Paulo. Apelação Cível n. 1003334-53.2017.8.26.0576. 2ª Câmara Reservada de Direito Empresarial. Rel. Maurício Pessoa. 11 de dezembro de 2017; BRASIL. Tribunal de Justiça do Estado de São Paulo. Apelação Cível n. 1042809-23.2016.8.26.0100. 1ª Câmara Reservada de Direito Empresarial. Rel. Cesar Ciampolini. 19 de julho de 2017; BRASIL. Tribunal de Justiça do Estado de São Paulo. Apelação Cível n. 1025395-39.2016.8.26.0576. 1ª Câmara Reservada de Direito Empresarial. Rel. Francisco Loureiro. 4 de novembro de 2016; BRASIL. Tribunal de Justiça do Estado do Rio de Janeiro. Apelação Cível n. 0008636-53.2015.8.19.0024. 24ª Câmara Cível. Rel. Geórgia de Carvalho Lima. 31 de janeiro de 2018; BRASIL. Tribunal de Justiça do Estado do Rio de Janeiro. Agravo de Instrumento n. 0010204-74.2018.8.19.0000. 25ª Câmara Cível/Consumidor. Rel. Luiz Fernando de Andrade Pinto. 11 de abril de 2018; BRASIL. Tribunal de Justiça do Estado da Bahia. Apelação Cível n. 0512713-78.2013.8.05.0001. 1ª Câmara Cível. Rel. Maria de Lourdes Pinho Medauar.

4. CONTROVÉRSIAS ENVOLVENDO CONTRATOS DE FRANQUIA

casos em que é qualificada a inobservância da regra especial dos contratos de adesão[194].

Estes levantamentos, ainda que não sejam exaustivos da matéria, indicam que o Poder Judiciário tem interpretado o contrato de franquia como um contrato empresarial, firmado entre agentes econômicos, ressalvada a sua adesividade e eventuais abusos que possam ocorrer. Tal visão mostra-se adequada à natureza e ao desenvolvimento da franquia; e mais, não apresenta nenhum óbice ao uso da arbitragem, muito pelo contrário.

Por fim, destaca-se que tanto a Administração Pública como entidades sem fins lucrativos podem utilizar-se da arbitragem como método de resolução de disputas[195]. Com efeito, os requisitos para que se possa contratar a franquia estão em linha com aqueles necessários para que a Administração Pública possa valer-se da arbitragem: a capacidade civil, que deve ser atinente ao exercício de um direito patrimonial e disponível.

4.3 Disputas judiciais envolvendo contratos de franquia

A Associação Brasileira de Jurimetria (ABJ)[196] divulgou recentemente o resultado da apuração do volume histórico de processos judiciais envolvendo contratos de franquia, distribuídos entre os anos de 2013 e 2019 ao Foro Central da Capital do Estado de São Paulo:

Os números, à primeira vista, parecem espantosos.

---

27 de maio de 2019; BRASIL. Tribunal de Justiça do Estado de Santa Catarina. Apelação Cível n. 0013843-50.2015.8.24.0038. 5ª Câmara de Direito Comercial. Rel. Jânio Machado. 22 de agosto de 2019; BRASIL. Tribunal de Justiça do Distrito Federal. Apelação Cível n. 0705383-16.2018.8.07.0001. 1ª Turma Cível. Rel. Roberto Freitas. 29 de maio de 2019.

[194] BRASIL. Tribunal de Justiça do Estado de São Paulo. Apelação Cível n. 1123093-18.2016.8.26.0100. 1ª Câmara Reservada de Direito Empresarial. Rel. Hamid Bdine. 19 de junho 2018.

[195] No que tange à Administração Pública, a questão foi objeto de longo debate. Atualmente, após a reforma da Lei de Arbitragem (Lei n. 13.129/2015), a possibilidade de utilizar a arbitragem para dirimir disputas decorrentes de contratos públicos foi definitivamente pacificada, o que vem sendo reforçado pelos recentes decretos promulgados por diferentes entes federativos regulando o seu uso.

[196] Disponível em: https://abj.org.br/. Acesso em: 29 maio 2020.

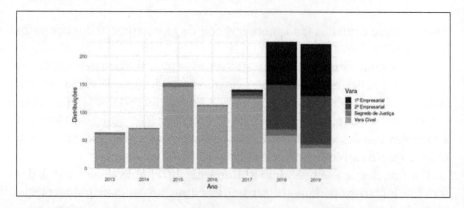

À exceção do ano de 2016, o volume de disputas judiciais envolvendo franquias cresceu vertiginosamente. Em termos percentuais, os períodos em que houve maior crescimento foram de 2014 para 2015 (crescimento de 112,5%) e de 2017 para 2018 (crescimento de 70%).

O volume anual de mais de 200 processos em 2018 se repetiu em 2019 (houve tímida queda de menos de 2% do volume).

A análise conscienciosa dos dados denota ser o incremento do volume de disputas judiciais envolvendo franquias um efeito colateral natural e esperado do também crescente volume de negócios no Brasil dentro do sistema de *franchising*.

De fato, é significativa a migração de atividades em diversos segmentos (*e.g.*, alimentação, moda, cosméticos, serviços de tecnologia etc.) que outrora adotavam outras sistemáticas de comercialização (*e.g.*, pela via direta, revenda ou representação comercial) ao modelo de negócios de franquia.

Com o advento da Lei n. 13.966/2019, não seria desarrazoado apostar em uma tendência de os contratos de franquia optarem pela cláusula arbitral, com a finalidade de evitar que se dê publicidade às disputas e a eventuais condenações aplicadas a empresas franqueadoras.

Trata-se de mera aposta, todavia, na medida em que a já formada jurisprudência a respeito de determinadas controvérsias, se atraente aos interesses da franqueadora, poderá levá-la à opção tradicional de eleição de foro judicial.

Ainda é cedo para saber como o Poder Judiciário se comportará diante dos novos preceitos da Lei n. 13.966/2019. Para que se tenha uma ideia, de aproximadamente 162 acórdãos prolatados pelo Tribunal de Justiça do Estado de São Paulo durante o primeiro semestre do ano de 2020 em recursos de apelação interpostos em processos que tratavam de assuntos relacionados a contratos de franquia, apenas 2 acórdãos aplicaram a Nova de Lei de Franquia. Todos os demais 160 reexaminaram as sentenças recorridas sob os ditames da Lei antiga.

4. CONTROVÉRSIAS ENVOLVENDO CONTRATOS DE FRANQUIA

Com relação à jurisprudência aplicável a relações de franquia, ainda sem a incidência das disposições contidas na Lei n. 13.966/2019, impende tecer algumas considerações.

Não raro, disposições que vigoraram durante todo o tempo em que perdurou o contrato de franquia têm, após o encerramento da parceria, sua validade questionada perante o Poder Judiciário.

Os Tribunais brasileiros costumam ratificar a validade das cláusulas que dispõem acerca da resilição dos contratos de franquia e das respectivas verbas rescisórias, desde que tais cláusulas não sejam abusivas.

É possível identificar um sem número de precedentes que ratificaram a validade de disposições em contratos de franquia, a exemplo daquelas que regulamentam o cumprimento do contrato no período de pré-aviso[197], a recompra de produtos em caso de extinção do contrato[198], o pagamento de multa e indenização pela resilição unilateral e imotivada[199],

---

[197] "Diante disso, tenho que a culpa pelo desfazimento da avença foi única e exclusivamente da parte ré e como a cláusula 2.2 do pacto firmado entre as partes determina que caso uma das partes resolva rescindir o contrato deve notificar a outra, por escrito, notificação extrajudicial ou carta registada (AR), com antecedência mínima de 90 dias, a avença deveria viger, ainda, pelo referido período.' [...] Houve duplo descumprimento contratual da parte ré, quanto à notificação a respeito da rescisão da avença e com relação a não permitir que a parte autora realizasse pedidos. [...] Desse modo, a parte autora faz jus a indenização pretendida a título de lucro que deixou de auferir no período de 90 dias em que o contrato ainda deveria viger e que, consequentemente poderia continuar a comercializar os produtos." BRASIL. Tribunal de Justiça do Estado do Rio Grande do Sul. Apelação Cível n. 70052533130. 20ª Câmara Cível. Rel. Rubem Duarte. 23 de outubro de 2013.

[198] "APELAÇÃO CÍVEL. INDENIZATÓRIA. RELAÇÃO DE CONSUMO. CONTRATO ENTRE AS PARTES DE FRANQUIA COM PREVISÃO DE RECOMPRA PELA FRANQUEADORA. DISTRATO PACTUADO. INADIMPLÊNCIA DA RÉ-FRANQUEADORA. CONTRATO DE ADESÃO. CLÁUSULA CONTRADITÓRIA. INTERPRETAÇÃO MAIS FAVORÁVEL AO ADERENTE. APLICAÇÃO DO PRINCÍPIO DA BOA-FÉ OBJETIVA. CLÁUSULA OBJETIVANDO O CÁLCULO DO VALOR A SER PAGO PELA FRANQUEADORA. MULTA MORATÓRIA PREVISTA SOMENTE PARA A HIPÓTESE DE INADIMPLEMENTO DO FRANQUEADO (ADERENTE). CLÁUSULA CONTRADITÓRIA INSERIDA EM CONTRATO DE ADESÃO QUE RECLAMA INTERPRETAÇÃO MAIS FAVORÁVEL AO ADERENTE. SENTENÇA QUE MERECE PEQUENOS REPAROS. PRIMEIRO QUANTO AO VALOR IMPUGNADO DE UM BEM CONSTANTE NA PLANILHA DOS OBJETOS ADQUIRIDOS PARA MONTAR A LOJA E SEGUNDO QUANTO AO VALOR DA CONDENAÇÃO A TÍTULO DE DANOS MORAIS. INDENIZAÇÃO QUE DEVE SER REDUZIDA PARA R$ 5.000,00 (CINCO MIL REAIS) COM OBSERVÂNCIA DOS PRINCÍPIOS DA PROPORCIONALIDADE E RAZOABILIDADE. DÁ-SE PARCIAL PROVIMENTO AO RECURSO, NA FORMA DO ART. 557, § 1º-A, DO CPC." BRASIL. Tribunal de Justiça do Estado do Rio de Janeiro. Apelação Cível n. 0003956-48.2012.8.19.0212. 9ª Câmara Cível. Rel. Carlos Azeredo de Araújo. 5 de março de 2013.

[199] "FRANQUIA RESCISÃO UNILATERAL IMOTIVADA INADMISSIBILIDADE ENTREGA DE NOTIFICAÇÃO COMUNICANDO A RESCISÃO DO CONTRATO, SEM JUSTIFICATIVAS. VIOLAÇÃO

CONTRATOS DE FRANQUIA: ORIGEM, EVOLUÇÃO LEGISLATIVA E CONTROVÉRSIAS

pré-aviso contratual[200] e indeferimento de pedido de declaração de nulidade de cláusulas contratuais por alegada abusividade[201].

AOS DEVERES ANEXOS DE LEALDADE E PROBIDADE NO CUMPRIMENTO DA AVENÇA, DECORRENTE DO PRINCÍPIO DA BOA-FÉ OBJETIVA, QUE PERMEIA TODA RELAÇÃO CONTRATUAL. AUSÊNCIA DE PROVA DE QUE A AUTORA NÃO SEGUIA O PADRÃO DE QUALIDADE DA RÉ. INEXISTÊNCIA DE COMUNICAÇÃO FORMAL SOBRE A INSATISFAÇÃO QUANTO AO CUMPRIMENTO DO CONTRATO, COMPORTANDO-SE A RÉ EM SENTIDO CONTRÁRIO, ATÉ MESMO PREMIANDO A AUTORA PELO BOM DESEMPENHO – QUEM NUNCA DEMONSTRA INSATISFAÇÃO COM O CUMPRIMENTO DA AVENÇA E, SUBITAMENTE, RESCINDE O CONTRATO SOB A ALEGAÇÃO DE MAU DESEMPENHO, ATENTA CONTRA O PRINCÍPIO DA BOA-FÉ CONTRATUAL, QUE TEM COMO UMA DE SUAS FACETAS A PROIBIÇÃO DO *VENIRE CONTRA FACTUM PROPRIUM*, TRADUZIDO COMO O EXERCÍCIO DE UMA POSIÇÃO JURÍDICA EM CONTRADIÇÃO COM O COMPORTAMENTO ASSUMIDO ANTERIORMENTE. INADIMPLEMENTO DA AUTORA COM RELAÇÃO A *ROYALTIES* E PUBLICIDADE. AUSÊNCIA DE PROVA. MULTA CONTRATUAL. MODO DE APURAÇÃO PREVISTO CLARAMENTE NO CONTRATO. INEXISTÊNCIA DE PROVA DA MÁ-FÉ DA RÉ. AÇÃO PARCIALMENTE PROCEDENTE. SENTENÇA CONFIRMADA PELOS SEUS PRÓPRIOS FUNDAMENTOS, INTEIRAMENTE ADOTADOS COMO RAZÃO DE DECIDIR, NOS TERMOS DO ART. 252 DO REGIMENTO INTERNO DESTE EGRÉGIO TRIBUNAL DE JUSTIÇA. RECURSOS DESPROVIDOS [...] deve a ré pagar a autora a multa contratual, bem como indenizá-la dos prejuízos em que a autora incorreu. Tem-se que segundo o contrato, em sua cláusula 11.1, a parte que descumprir o contrato responderá pelos prejuízos ocasionados a outra parte, bem como pelo pagamento de multa equivalente ao dobro do valor total das últimas dez faturas de compra de produtos, emitidas com base no contrato." BRASIL. Tribunal de Justiça do Estado de São Paulo. Apelação n. 9203899882008826. 20ª Câmara de Direito Privado. Rel. Álvaro Torres Júnior. 5 de dezembro de 2011.

[200] "[...] Contrato de franquia. Admissibilidade de resilição unilateral imotivada, mediante simples notificação, observada antecedência mínima de seis meses. Prosseguimento das atividades após regular resilição do pacto. Uso indevido da marca pela franqueada. Concorrência desleal. Ato ilícito indiciado. Perigo de lesão à reputação da franqueadora, além do risco de dano aos consumidores. Preenchimento dos requisitos necessários ao deferimento da liminar. Recurso desprovido. [...] Nesse aspecto, a Lei n. 8.955/1994 preceitua, em seu art. 2°, que 'franquia empresarial é o sistema pelo qual um franqueador cede ao franqueado o direito de uso de marca ou patente, associado ao direito de distribuição exclusiva ou semi-exclusiva de produtos ou serviços e, eventualmente, também ao direito de uso de tecnologia de implantação e administração de negócio ou sistema operacional desenvolvidos ou detidos pelo franqueador, mediante remuneração direta ou indireta, sem que, no entanto, fique caracterizado vínculo empregatício'. Deste modo, a comercialização padronizada de produtos ou serviços, aliada à transmissão do *know how* do negócio, oferecem notória redução dos riscos ínsitos à atividade econômica a ser empreendida pelo franqueado e, ao mesmo tempo, propicia a expansão dos negócios do franqueador e a sedimentação de sua marca junto ao mercado. O ajuste firmado pelas partes admite a resilição unilateral imotivada, mediante denúncia notificada com antecedência mínima de seis meses, *ex vi* da cláusula n. 1.3 do ajuste (fls. 88). Na hipótese, a franqueadora notificou a franqueada nos termos aprazados, conforme se depreende do documento de fls. 99/100, de sorte que o vínculo contratual extinguiu-se em 1° de dezembro de 2010, isto é, seis meses após o recebimento da notificação extrajudicial (fls. 97)." BRASIL. Tribunal de Justiça do Estado do Rio de Janeiro. Agravo de Instrumento n. 0025537-13.2011.8.19.0000. 2ª Câmara Cível. Des. Rel. Carlos Eduardo Passos. 27 de julho de 2011.

[201] "[...] CIRCULAR DE OFERTA DE FRANQUIA. Art. 3º da Lei n. 8.955/1994 – Alegação que deveria ter sido apresentada antes do início das atividades. Argumento que, por si só, é insuficiente a embasar o

4. CONTROVÉRSIAS ENVOLVENDO CONTRATOS DE FRANQUIA

Cumpre também tecer comentários a respeito de julgados que trataram de questões relacionadas a verbas indenizatórias nas diferentes modalidades de encerramento de contratos de franquia.

Especificamente no que diz respeito ao cabimento de indenização por danos morais, em contratos firmados por prazo determinado e prematuramente resilidos e em contratos sem prazo certo resilidos abruptamente, admite-se a condenação do franqueador ao pagamento de indenizações ao franqueado.

O valor atribuído a essa indenização varia bastante. Foram identificados acórdãos do Tribunal de Justiça do Estado de São Paulo com condenações entre R$ 30 mil e R$ 150 mil[202].

No tocante à não renovação do prazo de vigência dos contratos de franquia, a tendência dos Tribunais é afastar o cabimento de indenização para as hipóteses em que o franqueador exerce regularmente o direito de não renovar o prazo convencionado em contrato[203].

---

pedido de anulação das cláusulas contratuais, seja porque já houve decadência de tal direito, seja porque o posto autor exerceu regularmente a sua atividade por mais de 3 anos, sem qualquer reclamação (entre junho de 2004 a dezembro de 2007) – Inexistência de nexo causal entre o insucesso dos negócios do autor e o alegado atraso na entrega da Circular de Oferta de Franquia – RECURSO DESPROVIDO. PREÇOS DIFERENCIADOS RECEITA OPERACIONAL MÍNIMA. Práticas que estão clara e expressamente previstas no contrato de franquia, inerentes ao próprio regime de franquia ofertado pela franqueadora. Inexistência de qualquer abusividade no contrato celebrado entre as partes. Cabe considerar que o autor recebeu um posto pronto para uso pelo sistema de franquia, não tendo feito qualquer investimento, situação que está regularmente prevista no contrato. RECURSO DESPROVIDO." BRASIL. Tribunal de Justiça do Estado de São Paulo. Apelação n. 0130432-60.2007.8.26.0003. 23ª Câmara de Direito Privado. Des. Rel. Sérgio Shimura. 26 de março de 2014.

[202] BRASIL. Tribunal de Justiça do Estado de São Paulo. Apelação n. 0161345-54.2009.8.26.0100. 12ª Câmara de Direito Privado. Des. Rel. Sandra Galhardo Esteves. 21 de outubro de 2015 (Condenação em R$ 10 mil); BRASIL. Tribunal de Justiça do Estado de São Paulo. Apelação n. 9077033-98.2009.8.26.0000. 12ª Câmara de Direito Privado. Des. Rel. Tasso Duarte de Melo. 17 de abril de 2013 (Condenação em R$ 30 mil); BRASIL. Tribunal de Justiça do Estado de São Paulo. Apelação n. 0937371-38.1998.8.26.0100. 20ª Câmara de Direito Privado. Des. Rel. Álvaro Torres Júnior. 2 de junho de 2014 (Condenação em R$ 50 mil); BRASIL. Tribunal de Justiça do Estado de São Paulo. Apelação n. 0232223-72.2007.8.26.0100. 2ª Câmara Reservada de Direito Empresarial. Des. Rel. Lígia A. Bisogni. 22 de setembro de 2014 (Condenação em R$ 150 mil).

[203] "CONTRATO DE FRANQUIA DE LOGÍSTICA – AÇÃO DE OBRIGAÇÃO DE FAZER CUMULADA COM INDENIZAÇÃO PRAZO DETERMINADO – FRANQUEADORA QUE ENVIOU NOTIFICAÇÃO À FRANQUEADA COMO PREVISTO NO CONTRATO – A autora (franqueada) postula a manutenção do contrato de franquia e, subsidiariamente, indenização por danos materiais e morais. Descabimento. O contrato de franquia firmado entre as partes tem prazo determinado, que foi renovado inúmeras vezes, nada obstando que a franqueadora notifique a franqueada, com antecedência de 90 dias, de que não tem mais interesse em renovar o negócio – Ré, franqueadora,

Já para os casos de resolução contratual fundada em justa causa, os Tribunais são cautelosos na apuração da efetiva comprovação das violações contratuais[204].

que enviou notificação regular à autora, franqueada, antes do prazo de 90 dias antecedentes ao termo final do contrato. Notificação que foi recebida pela ré, sem qualquer ressalva, por pessoa que se apresentou com poderes para tanto – Aplicação da teoria da aparência – Se o contrato foi renovado com prazo determinado, nada impede a que as partes encerrem a avença, com notificação prévia conforme previsto em cláusula contratual – Pedido subsidiário de indenização, que também deve ser julgado improcedente. Indenização contratualmente prevista em caso de rescisão ou não renovação do contrato, que se limita ao prazo originário de 2 anos, não se estendendo aos prazos de renovação – Se a parte deu por extinto o negócio, conforme autorizado expressamente em cláusula contratual, não se pode falar em prática abusiva ou em ato ilícito – RECURSO DESPROVIDO". BRASIL. Tribunal de Justiça do Estado de São Paulo. Apelação n. 1003940-2.2016.8.26.0248. 2ª Câmara Reservada de Direito Empresarial. Des. Rel. Sérgio Shimura. 29 de outubro de 2019. "CONTRATO. RENOVAÇÃO. FRANQUIA. DEMANDA ORDINÁRIA, VISANDO À RENOVAÇÃO JUDICIAL DA AVENÇA. SENTENÇA DE IMPROCEDÊNCIA. DECISÃO MANTIDA, À LUZ DO REGIME CONTRATUAL, QUE PREVIA PRAZO DETERMINADO DE VIGÊNCIA DO CONTRATO E DO PRINCÍPIO GERAL DE QUE NENHUM CONTRATANTE ESTÁ OBRIGADO A FICAR ETERNAMENTE VINCULADO À AVENÇA. RECURSO DESPROVIDO." BRASIL. Tribunal de Justiça do Estado de São Paulo. Apelação n. 7.065.474-5. 22ª Câmara de Direito Privado. Des. Rel. Campos Mello. 4 de novembro de 2009. "Ementa: Responsabilidade civil. Contrato de produção, envasamento e fornecimento de bebidas. Contrato com termo final. Prazo: 10 anos. Falta de interesse da requerida na renovação do contrato. Notificação da autora com 360 dias de antecedência. Pedido de indenização dos investimentos realizados, dentre outras verbas. Improcedente. Risco da atividade. Recurso desprovido." BRASIL. Tribunal de Justiça do Estado de São Paulo. Apelação n. 0030423-95.2004.8.26.0100. 20ª Câmara de Direito Privado. Des. Rel. Luis Carlos de Barros. 13 de maio de 2013. No mesmo sentido: BRASIL. Tribunal de Justiça do Estado de São Paulo. Apelação n. 9199535-73.2008.8.26.0000. 14ª Câmara de Direito Privado. Des. Rel. Thiago de Siqueira. 8 de fevereiro de 2012.

[204] "[...] Assim, versa o feito sobre pretensão indenizatória, na qual os autores pretendem o ressarcimento dos prejuízos de ordem material e moral que teriam sofrido em decorrência da atuação da corré Sebeco, pela resolução imotivada do contrato de franquia dos produtos da marca 'Pierre Alexander', revendidos e distribuídos por eles. A demandada, por sua vez, salienta que o contrato de franquia era renovado de seis em seis meses, não havendo cláusula de exclusividade. Defende a ausência de qualquer ilicitude, dizendo que agiu dentro das normas contratuais vigentes, tendo havido a resolução contratual por exclusiva inadimplência da franqueada, a empresa ora autora. [...] Nesse contexto, consigno que há prova do nexo causal e do dano, estando caracterizado o dever de indenizar pela conduta lesiva praticada pela ré, o que dá azo à pretensão indenizatória. E quanto a isso, tenho que a sentença da lavra da eminente magistrada de primeiro grau demonstra com exatidão a correta avaliação da prova colacionada aos autos. [...] De outro vértice, quanto ao dano moral, como bem destacou a nobre julgadora, é inegável que o rompimento contratual de forma repentina trouxe prejuízos irreparáveis na esfera extrapatrimonial dos autores. Essa circunstância, por si só, é significativa o suficiente a ponto de gerar abalo moral, sobretudo porque tal conduta praticada sem prévio aviso e sem prazo razoável provocou o protesto de títulos e a conseqüente anotação restritiva dos nomes dos autores, fatores que dão ensejo à reparação civil, por ofensa a atributo da personalidade. Daí que está caracterizado o ato ilícito. [...]

4. CONTROVÉRSIAS ENVOLVENDO CONTRATOS DE FRANQUIA

Muito se debate no Poder Judiciário a respeito da responsabilidade civil da franqueadora quando ocorre a resilição contratual, especialmente diante do constatado insucesso dos negócios do franqueado. Considera-se a franquia um negócio de risco para ambas as partes; a responsabilidade da franqueadora, em regra, não ultrapassa os termos do que foi contratado. O franqueado, de sua parte, tem o dever de avaliar a conveniência de celebrar o contrato de franquia, inclusive quanto à viabilidade de retorno do investimento[205].

Não há falar da prova do dano moral no caso em comento, uma vez que este não se comprova através dos mesmos meios utilizados para verificação do dano material. Basta, para tanto, apenas a prova da existência do ato ilícito. O dano moral existe *in re ipsa*. Provada a ofensa, *ipso facto* está demonstrado o dano moral.

Quantum indenizatório arbitrado. Passo ao exame da verba reparatória arbitrada no comando sentencial em R$ 10.000,00 em favor de cada um dos autores (fl. 668v). Importa frisar, no ponto, que a reparação por dano moral está relacionada à reprovabilidade do ato que ensejou a demanda indenizatória e, do mesmo modo, a conseqüência do mesmo frente à vítima. [...] É importante considerar, também, a necessidade de impor uma pena ao causador do prejuízo, de forma que a impunidade não sirva de estímulo para novas infrações, seja por este agressor ou por outros membros da sociedade. Daí surgem as funções reparatória, punitiva e pedagógica da indenização pelo prejuízo imaterial. Considerando-se as aludidas finalidades, deverá ser considerado, para a delimitação do montante reparatório, a situação econômica das partes litigantes, a gravidade da conduta da autora do fato e o quanto ela repercutiu na vida da vítima." BRASIL. Tribunal de Justiça do Estado do Rio Grande do Sul. Apelação n. 70045060068. 9ª Câmara Cível. Des. Rel. Tasso Caubi Soares Delabary. 24 de novembro de 2011. "Apelação. Direito empresarial. Ação de cobrança. Multa por rescisão imotivada pactuada em contrato de franquia. Cerceamento de defesa. Inocorrência. Redução equitativa em razão do cumprimento parcial das obrigações pelo franqueado. Exegese do art. 413 do Código Civil. Sentença reformada. Apelo parcialmente provido. [...] Apela o réu às fls. 91/111, apontando cerceamento de defesa, por não ter tido oportunidade de produzir prova testemunhal. Sustenta ter havido descumprimento mútuo do contrato, haja vista que a marca MCM em nenhum momento foi divulgada e que a franqueadora jamais realizou qualquer campanha de marketing. Afirma inexistir qualquer contraprestação em relação à cobrança dos royalties pactuados no contrato. Argumenta que não houve aumento de sua clientela, tampouco de faturamento. Aduz ter notificado a autora para retirada dos manuais e demais materiais relativos à franquia, o que, contudo, ela nunca providenciou. Diz que o contrato é leonino e que foi devidamente cumprido por 3 anos e 5 meses sem obter qualquer retorno. Pelo princípio da eventualidade, pleiteia a redução da multa a valor proporcional ao tempo remanescente do contrato. Requer a inversão da sucumbência. [...] Para que não se alegue omissão, faço constar que a alegação de descumprimento recíproco das obrigações contratuais não comporta acolhida. Primeiramente, porquanto não há prova do descumprimento nos autos, além de que, desde o início das correspondências trocadas entre as partes (fl. 40), o réu reconhecia como devida parte da multa rescisória, tanto é que ofereceu proposta de pagamento de R$ 10.000,00." BRASIL. Tribunal de Justiça do Estado de São Paulo. Apelação n. 0019244-86.2012.8.26.0003. 1ª Câmara Reservada de Direito Empresarial. Des. Rel. Manoel de Queiroz Pereira Calças. 1 de agosto de 2013.

[205] "CONTRATO DE FRANQUIA – RESSARCIMENTO POR INADIMPLEMENTO CONTRATUAL – INOCORRÊNCIA – RETORNO DO INVESTIMENTO – RISCO DO FRANQUEADO – RESPONSABILIDADE SOLIDÁRIA – IMPREVISIBILIDADE. – No contrato de franquia ou

CONTRATOS DE FRANQUIA: ORIGEM, EVOLUÇÃO LEGISLATIVA E CONTROVÉRSIAS

'franchising', o franqueador transfere todo o seu know-how, mas não está obrigado por lei a estimar o prazo para retorno do investimento, assumindo o próprio franqueado os riscos inerentes ao negócio implementado. – A responsabilidade solidária do franqueador não tem previsão legal e, no caso de não ter também previsão contratual, não poderá ser presumida. [...] Em suas razões, às f. 120/174, a apelante Irani Aparecida Ronzella, insurge-se contra a sentença de primeiro grau em sua totalidade. Sustenta estar implícita na lei a obrigatoriedade de constar no contrato de franquia o prazo estimado de retorno do investimento. [...] Através da prestação jurisdicional, a apelante pretendeu ver-se ressarcida dos danos sofridos em virtude do dito inadimplemento contratual, acionando para tanto a apelada. Não obtendo êxito na demanda intentada, posto que a sentença de primeiro grau julgou improcedentes os pedidos da peça vestibular, a apelante pretende através do recurso ora analisado o reexame do feito e a reforma da decisão a quo para que sejam os pedidos da exordial julgados procedentes. [...] Melhor sorte não assiste à apelante quanto aos argumentos de que há implícito na lei que o contrato de franquia deve conter informação do prazo estimado para o retorno do investimento. O art. 3º transcrito pela apelante não se refere nem expressamente e nem deixa implícita qualquer obrigação do franqueador em estimar para o franqueado o prazo para retorno do investimento. A circular de oferta de franquia traz todos os dados necessários ao franqueado para que ele mesmo calcule os investimentos que serão realizados e conclua sobre a viabilidade ou não do negócio para decidir se vai ou não contratar. Em que pese o franqueador transferir ao franqueado toda a estrutura, orientação e know-how para conduzir o negócio objeto do contrato de franquia, a administração será realizada pelo franqueado, que deverá assumir todos os riscos inerentes à operação comercial. Tanto que, do franqueado é exigida experiência profissional na área comercial e de administração de empresas, conforme consta, in casu, na circular de oferta à f. 52. Neste diapasão, não pode a apelante firmar contrato de franquia, tendo todo o conhecimento das cláusulas contratuais e da circular de oferta de franquia, documentos que, inclusive, traz com a exordial, e mais tarde, ocorrido o insucesso do negócio, atacar a franqueadora/apelada sob o argumento de ausência de informação de estimativa de retorno de investimento. Ora, a análise de estimativa de lucro ou de retorno de investimento deve ser realizada pelo franqueado antes mesmo de contratar, exatamente para conferir a viabilidade do negócio a ser implementado. Não pode a apelante pretender imputar à apelada responsabilidade que não lhe foi definida legal ou contratualmente, quando o insucesso do negócio franqueado se deu somente por culpa da franqueada, quem, com a assunção dos riscos do negócio deve suportar os prejuízos." BRASIL. Tribunal de Justiça do Estado de Minas Gerais. Apelação Cível n. 472.603-8, 1ª Câmara Civil do Tribunal de Alçada de Minas Gerais, Des. Rel. Fernando Caldeira Brant, 28 de dezembro de 2004. "[...] A questão principal desta ação é estabelecer se a denúncia do contrato pela Franqueadora foi ilegítima e acarretou à Autora prejuízos de ordem material, ferindo os deveres anexos da boa-fé objetiva e da função social do contrato. [...] No que se refere à denúncia, as cláusulas destacadas, verifica-se a possibilidade de rescisão, desde que observados os termos do pacto, com comunicação prévia da denúncia, em 60 (sessenta) dias. O documento de fls. 83/84, da SP Gás Distribuidora de Gás S.A., informa à Autora, em correspondência datada de 31.03.2004, a rescisão do Contrato de Franquia e do Contrato de Botijões 'ShellGás' com garantia financeira, a partir de 12.06.2004, data em que estariam extintas, de pleno direito, as relações contratuais e empresariais existentes. Constata-se, portanto, que a Franqueadora atentou aos contratos vigentes, quando da denúncia. [...] No caso, a resilição por parte da Franqueadora decorreu da falta de interesse na manutenção da avença, não se verificando no lastro probatório conduta ilícita das Rés, violadora dos deveres anexos de boa-fé objetiva ou da função social dos contratos. É importante apontar que a atividade comercial deve ser sopesada pelos interessados antes da concretização do negócio. Os contratantes, na franquia, como em qualquer ramo de negócio, devem fazer uma

4. CONTROVÉRSIAS ENVOLVENDO CONTRATOS DE FRANQUIA

análise profunda do mercado, da concorrência e de possíveis resultados, com projeção do capital investido, devendo estar conscientes das possíveis dificuldades para não passar desilusões no futuro. O risco e os prejuízos são ínsitos à atividade empresarial, como de sabença comum. Ressalte-se que a demanda envolve empresas de grande porte, conhecedoras das regras, da prática e da dinâmica comerciais. Ante o exposto, voto no sentido de NEGAR PROVIMENTO ao recurso, para manter a r. Sentença recorrida." BRASIL. Tribunal de Justiça do Estado do Rio de Janeiro. Apelação n. 0140518-28.2006.8.19.0001, 8ª Câmara Cível, Des. Rel. Gilda Carrapatoso, 6 de março de 2012. Acórdão confirmado em 7.8.2013 pelo STJ no Agravo em Recurso Especial n. 302.040. "Ação declaratória de nulidade de contrato c/c pedido alternativo de rescisão por justo motivo – Disposição do art. 341, III, do CPC observada – Contrato de franquia para venda de massas artesanais e molho caseiro – Alegadas irregularidades na Circular de Oferta de Franquia e descumprimento contratual pela ré – Inocorrência – Impossibilidade de responsabilização da franqueadora pelo insucesso do negócio – Inexistência de danos morais indenizáveis – Ausência de constrangimento, ofensa à honra e/ou exposição da autora a situação vexatória ou humilhante – Sentença mantida – Honorários recursais cabíveis – Recurso desprovido". BRASIL. Tribunal de Justiça do Estado de São Paulo. Apelação n. 1003697-73.2014.8.26.0114. 2ª Câmara Reservada em Direito Empresarial. Des. Rel. Maurício Pessoa. 19 de dezembro de 2018. "Trata-se de agravo nos próprios autos (CPC/2015, art. 1.042), interposto contra decisão que inadmitiu o recurso especial, sob os seguintes fundamentos: (a) ausência de ofensa aos artigos de lei apontados e (b) aplicação das Súmulas n. 5 e 7 do STJ. O TJSP negou provimento ao recurso, em acórdão assim ementado (e-STJ fl. 1.568): Contrato de franquia. Anulação. Cerceamento de defesa afastado. Alegação de inércia quanto à prestação de assistência técnica e auxílio por parte da franqueadora, falta de entrega da Circular de Oferta de Franquia e inexistência de contrapartida publicitária, além da omissão de informações essenciais à celebração do negócio. Improcedência acertada. Contrato que permaneceu em vigor por mais de um ano e meio. Confirmação tácita do negócio. Provas contumazes do recebimento da COF, do amplo investimento na divulgação da marca e da assistência da franqueadora. Viabilidade do sucesso do negócio que deve ser analisada pelo empreendedor antes da celebração do contrato de franquia. Insucesso do negócio que não pode ser imputado à franqueadora. Improcedência acertada. Recurso improvido. [...] Primeiramente, o Tribunal a quo esclareceu que as provas constantes nos autos são suficientes para sustentar a alegação de que o recorrente recebeu a circular de oferta de franquia da recorrida, a qual não agiu de forma a macular o negócio celebrado (e-STJ fl. 1.570): Isso porque a extensa documentação trazida pelas partes demonstra não ter havido qualquer descumprimento contratual. A requerida trouxe declaração expressa do franqueado de que recebeu a Circular de Oferta de Franquia, com todos os seus anexos, declarando inclusive "não ter recebido nenhuma garantia de rentabilidade, faturamento ou lucratividade por parte da FRANQUEADORA" (fl. 501). E a mera alegação de que foi coagido a assinar o documento com data retroativa não é apta a comprovar a falta de seu recebimento. E, ainda que se cogitasse da falta de prestação de informações pela franqueadora, é relevante notar que o contrato foi celebrado em 2012 e seus efeitos perduraram por mais de um ano e meio, operando-se verdadeira confirmação tácita do negócio, ainda que eivado de vícios. [...] Causa estranheza, nesse sentido, que o contrato de Franquia tenha sido celebrado em Janeiro de 2012, perpetuando seus efeitos durante quase dois anos de vigência, antes que o franqueado resilisse unilateralmente o negócio e viesse ao Judiciário suscitar a falta de entrega da COF. Pretende, a bem da verdade, responsabilizar a franqueadora pelo insucesso do negócio, o que não se admite, sobretudo porque o próprio contrato assim esclareceu: "O FRANQUEADO declara estar ciente não ter qualquer garantia de lucro por parte da FRANQUEADORA, e que assumirá todos os riscos do presente negócio e da operação da Unidade Franqueada (fl. 485)". BRASIL. Superior Tribunal de

A contratação de cláusula penal e a limitação contratual da verba indenizatória também são matérias recorrentes no Poder Judiciário; desde que reputadas razoáveis, ambas são declaradas válidas[206].

Outro tema de intenso debate diz respeito à configuração de concorrência desleal no fato de o ex-franqueado abrir novo negócio que resulte confusão

---

Justiça. Agravo em Recurso Especial n. 1.130.589/SP. Min. Rel. Antonio Carlos Ferreira. 14 de fevereiro de 2018.

[206] "[...] Em 1.07.2003 a autora/apelante New Fênix firmou com a ré um contrato de franquia. [...] O prazo de duração contratual seria de três anos, com vencimento em 1.07.2006 (cl.6.1). Em 2.11.2004, a autora New Fênix foi notificada extrajudicialmente pela ré, que imotivadamente rescindiu o contrato. Constou da referida notificação que a título de multa contratual, seria pago às autoras a quantia equivalente a 10 (dez) vezes o valor da média da verba de agenciamento do último trimestre de vigência do contrato, cabendo ainda às autoras provarem a quantia despendida com a desmobilização dos recursos ativos da unidade franqueada, conforme cláusula 12.4 do contrato. O cerne da questão diz respeito à interpretação da cláusula 12.4 do contrato de franquia, que assim está escrito: 'O presente instrumento poderá ser rescindido por qualquer das partes, mediante o pagamento de uma multa contratual equivalente a 10 (dez) vezes o valor da média da remuneração (verba de agenciamento) da Franqueada no último trimestre, sendo necessário o envio de notificação a respeito, com antecedência mínima de trinta dias. Esse valor deverá ser ajustado pelas partes, mediante a comprovação pela franqueada da efetiva quantia necessária para a desmobilização dos recursos ativos na unidade franqueada'. Já da r. sentença constou em sua fundamentação: 'É da doutrina a lição de que a multa contratual significa mero adiantamento por previsão dos prejuízos advindos da frustração da prestação por uma das partes. Sendo o contrato de trato sucessivo, com termo certo, as partes autorizaram a resilição, mediante o ressarcimento dos prejuízos causados pela frustração do seu desenvolvimento até o termo'. [...] Tal valor abrange não apenas as instalações e equipamentos, eventual sanção por desfazimento de locação e indenização relativa à prestação de serviços ou de emprego. Lucros cessantes não são devidos porque abrangidos pela multa, igualmente não sendo devido o valor da franquia. [...] Para o recebimento da multa pela rescisão antecipada não era necessário qualquer comprovação. Para a desmobilização dos ativos, a comprovação era imprescindível. Diante de tal quadro, não é possível concluir tratar-se de uma coisa só, prevalecendo a sentença neste aspecto. Não há incompatibilidade entre a cláusula penal de natureza compensatória e a indenização prevista, já que expressamente convencionado no contrato de franquia, como já visto. 'A cláusula penal estabelecida no contrato é válida como indenização pelas perdas e danos, somente podendo pleitear montante superior quando demonstrado o prejuízo e assim estiver estipulado no contrato'. BRASIL. TJ/PR, 18ª CC, AC n. 0441154-7 – Rel. José Carlos Dalacqua, DJ: 7530 de 11.01.2008. Fora isso, o contrato não previu qualquer outra forma de indenização, seja lucro cessante ou qualquer outro tipo de dano, mesmo porque havendo multa por rescisão antecipada de contrato, não faz sentido pleitear-se lucros cessantes pelo que deixou de ganhar caso o contrato tivesse vigência até o seu prazo final, sendo incabível também indenização de valor relativo à montagem de estrutura, impostos ou ainda, por eventual valorização de franquia, mesmo porque quem possui o *know-how* (conhecimentos técnicos) é a franqueadora e não o franqueado." BRASIL. Tribunal de Justiça do Estado de São Paulo. Apelação n. 991.07.017334-5. 24ª Câmara de Direito Privado. Des. Rel. Gioia Perini. 26 de outubro de 2010.

4. CONTROVÉRSIAS ENVOLVENDO CONTRATOS DE FRANQUIA

no público, de maneira a fazê-lo tomar um operador ou os seus produtos ou serviços por outros.

De acordo com a Lei n. 9.279/1996, artigo 195, XI, comete crime de concorrência desleal

> quem divulga, explora ou utiliza-se, sem autorização, de conhecimentos, informações ou dados confidenciais, utilizáveis na indústria, comércio ou prestação de serviços, excluídos aqueles que sejam de conhecimento público ou que sejam evidentes para um técnico no assunto, a que teve acesso mediante relação contratual ou empregatícia, mesmo após o término do contrato;

A fixação em contrato de franquia de período pós-contratual no qual ao franqueado é vedado atuar no mesmo ramo de negócio que havia contratado com a franqueadora é admitida pelo Poder Judiciário [207], [208].

Os Tribunais têm, ademais, se posicionado no sentido de que "com relação às perdas e danos, está consolidado que: o uso indevido de marca, capaz de provocar confusão entre os estabelecimentos e consequente desvio de clientela, torna desnecessária a prova concreta do prejuízo, que se presume" e que "com relação ao dano moral, é entendimento do Superior Tribunal de Justiça, que pelo uso indevido da marca, deve ser comprovado o dano efetivo"[209].

Há divergências com relação a qual das partes detém o fundo de comércio nas relações de franquia. De um lado, há quem entenda que

---

[207] "Apelação cível. Contrato de franquia. "cláusula de quarentena". Viabilidade jurídica. Boa-fé. É perfeitamente viável a previsão de período de "quarentena", imposto ao franqueado, logo após a resolução do negócio jurídico de franquia. No caso concreto, o período previsto é de um ano, com estabelecimento de multa para a hipótese de infração à regra. Apelação desprovida." BRASIL. Tribunal de Justiça do Estado do Rio Grande do Sul. Apelação Cível n. 597023191, Sexta Câmara Cível. Rel. Antônio Janyr dall'Agnol Junior. 18 de março de 1997.

[208] "Escola de idioma (inglês). Conhecida instituição (WIZARD) que indica, em medida cautelar de produção de provas, a concorrência desleal praticada por ex-franqueada que, aproveitando material didático e demais ingredientes do *know-how*, abre unidade seguindo o método e o programa de ensino. Inadmissibilidade. Dever de abstenção que se impõe. Não provimento." BRASIL. Tribunal de Justiça do Estado de São Paulo. Agravo de Instrumento 0207852-14.2011.8.26.0000. Câmara Reservada de Direito Empresarial. Des. Rel. Enio Zuliani. 8 de novembro de 2011. Na mesma esteira: BRASIL. Superior Tribunal de Justiça. Recurso Especial n. 818.799/SP. Min. Rel. Castro Filho. 9 de agosto de 2007.

[209] BRASIL. Tribunal de Justiça do Estado de São Paulo. Apelação Cível 0111420-17.2008.8.26.0006. 1ª Câmara de Direito Privado. Rel. Alcides Leopoldo. 24 de junho de 2014.

a proteção do franqueado quanto ao fundo de comércio, certamente trará efeitos na convicção dos juristas pátrios. E nela resvalou a mesma corte fluminense que na decisão acima transcrita pensou em sentido contrário, acentuado na que segue abaixo que em contrato misto de locação e franquia, o fundo de comércio deve pertencer, ao menos em parte, ao franqueado.

Como contraponto, há quem defenda que "o fundo de comércio está atrelado à clientela e esta, em tese, pertence ao franqueador, pois a clientela é atraída espontaneamente pela marca já consagrada no mercado"[210].

Ao comentar esse julgado, Cláudio Roberto Barbosa pondera:

> a possibilidade de uma comunhão total do fundo de comércio (com a contemplação efetiva de um único empreendimento entre franqueador e franqueados) poderia vir a eliminar qualquer incentivo à adoção da franquia como instrumento empresarial[211].

Parece-nos, contudo, defensável que quem opera sob franquia, estrutura sua empresa segundo padrões uniformes alheios, pelos quais passa a alcançar a clientela potencial do franqueador, explorando-a com a máxima eficácia. Na franquia, como o operador se disfarça inteiramente sob a manto do franqueador, a clientela se transforma de potencial em efetiva. Mas remanesce a clientela sendo detida pelo dono da *franchise* e não por quem trabalha a empresa franqueada.

A possibilidade de a empresa franqueadora ser judicialmente demandada na condição de solidariamente responsável com seus franqueados perante consumidores, por danos decorrentes da inadequação de serviços prestados pelos franqueados ou defeitos em produtos, também vem sendo acolhida pelo Superior Tribunal de Justiça[212].

---

[210] BRASIL. Tribunal de Justiça do Estado de São Paulo. Apelação n. 991.09.023753-7. 13ª Câmara de Direito Privado. Des. Rel. Luiz Sabbato. Voto dissidente do Des. Revisor Cauduro Padin. 7 de abril de 2010. Acórdão transitado em julgado em 21 de junho de 2010.

[211] BARBOSA, Cláudio Roberto. O contrato de franquia e sua dimensão empresarial vista pela jurisprudência. In: **Contratos empresariais** – interpretados pelos Tribunais. (coord.) Asdrúbal Franco Nascimbeni, Augusto Tavares Rosa Marcacini e Maria Odete Duque Bertasi. São Paulo: Quartier Latin, 2014, p. 158.

[212] BRASIL. Superior Tribunal de Justiça. AgRg no Agravo em Recurso Especial n. 759.656/SP. 4ª Turma. Min. Rel. Maria Isabel Gallotti. 24 de setembro de 2019; BRASIL. Superior Tribunal de Justiça. AgInt no Agravo em Recurso Especial n. 1.194.242/SP. 3ª Turma. Rel. Marco Aurélio Bellizze. 13 de agosto de 2018.

4. CONTROVÉRSIAS ENVOLVENDO CONTRATOS DE FRANQUIA

A complexidade e a interdisciplinaridade da relação de franquia ensejaram, ainda, intensos debates a respeito da incidência de Imposto sobre Serviços de Qualquer Natureza (ISS).

No tocante às razões para a (não) incidência do tributo, a primeira, já superada, diz respeito à ausência de previsão legal.

Historicamente, a lista de serviços anexa ao Decreto-Lei n. 406/1968 não incluía a franquia. Isso permaneceu inalterado durante o regime da Lei Complementar n. 56/1987, que passou a prever somente o "agenciamento, corretagem ou a intermediação de contratos de franquia (*franchise*)" (item 48). A inclusão da franquia na lista de serviços somente ocorreu por força da Lei Complementar n. 116/2003 (itens 17.08 e 26.01).

A segunda corresponde ao enquadramento da franquia como serviço tributável.

Nesse particular, o conceito de serviço para fins fiscais deve decorrer do direito privado, o que leva à conclusão de que o serviço apto a ensejar a incidência de ISS compreende somente as obrigações de fazer[213]. Como é sabido, o contrato de franquia é híbrido, englobando, além da cessão de marca, o auxílio na gestão empresarial, a prestação de assistência técnica e o treinamento de funcionários. Estas obrigações são, contudo, indissociáveis, impossibilitando a sua individualização e consequente determinação da base de cálculo e do *quantum* devido.

A terceira, e última, refere-se à cobrança de tributo sobre atividades-meio.

Com efeito, as obrigações acima descritas representam meios para a execução do objeto contratual: a cessão de marca. Em outras palavras, o objetivo da franquia é o sucesso de determinado modelo de negócio. Os demais aspectos da relação jurídica não podem sofrer a incidência de tributo, afinal, "o alvo da tributação deve limitar-se ao objeto final da contratação, não às suas etapas ou tarefas intermediárias"[214].

A discussão está presente na jurisprudência.

Com relação à cobrança de ISS no período anterior à Lei Complementar n. 116, o Superior Tribunal de Justiça decidiu, em recurso repetitivo, que a ausência de previsão legal constituiria óbice à cobrança de ISS em franquia[215].

---

[213] BARRETO, Aires Fernandino. ISS – Não incidência sobre franquia. **Revista de Direito Tributário**, n. 64, jul.-set. 1996. p. 220.

[214] CARVALHO, Paulo de Barros. Não-incidência do ISS sobre atividades de franquia (*franchising*). **Revista de Estudos Tributários**, v. 10, n. 56, jul.-ago., 2007, p. 74.

[215] BRASIL. Superior Tribunal de Justiça. Recurso Especial n. 1.131.872/SC. Primeira Sessão. Rel. Min. Luiz Fux. 9 de dezembro de 2009.

Sob outro prisma, a constitucionalidade da cobrança de ISS sobre *royalties* de franquia também é amplamente debatida. A questão encontra-se, contudo, na iminência de ser pacificada por decisão da instância extraordinária.

Em 28.5.2020 foi realizado o julgamento do Recurso Extraordinário n. 603.136 que, admitido como matéria de repercussão geral, trata da incidência do ISS sobre os *royalties*. Com amparo de 8 dos 10 Ministros votantes (restaram vencidos os Ministros Celso de Mello e Marco Aurélio Mello), o Supremo Tribunal Federal negou provimento ao recurso, ao entendimento de que incide ISS sobre os *royalties* pagos às franqueadoras.

O voto vencedor de relatoria do Ministro Gilmar Mendes, acompanhado por outros 7 Ministros, parte da premissa, a qual não seria ousado reputar como equivocada, de que o contrato de franquia não se limita a cessão de direitos, mas englobaria prestação de serviços, passível de ser tributada pelo ISS.

Trata-se de entendimento questionável. Tanto assim é que há outros recentes julgados do Supremo Tribunal Federal que defendem a impossibilidade de incidência de ISS em contratos de franquia, por não poder ser considerado um serviço tributável[216]. Esse mesmo entendimento é esposado pelos Tribunais estaduais[217].

A incidência de ISS em contratos de franquia é tema complexo e com muitas facetas e implicações. Espera-se que a discussão perante o Supremo Tribunal Federal ainda se prolongue no tempo. A disputa judicial provavelmente seguirá para modulação dos efeitos do acórdão, medida que poderá ao menos mitigar impactos sobre o setor de franquia, passando a incidir apenas sobre eventos futuros.

Cumpre, por fim, mencionar as recentes disputas judiciais entre locatários de estabelecimentos comerciais utilizados para a instalação de franquias

---

[216] BRASIL. Supremo Tribunal Federal. Agravo em Recurso Extraordinário n. 1.184.969/PR. Rel. Min. Ricardo Lewandowski. Decisão Monocrática. 28 de março de 2019; BRASIL. Supremo Tribunal Federal. Agravo em Recurso Extraordinário n. 1.050.089/SP. Rel. Min. Ricardo Lewandowski. Decisão Monocrática. 12 de junho de 2017.

[217] "EMENTA: APELAÇÃO CÍVEL – MANDADO DE SEGURANÇA – ISSQN – CONTRATO DE FRANQUIA – INCLUSÃO NO ROL DOS SERVIÇOS TRIBUTÁVEIS – INCONSTITUCIONALIDADE RECONHECIDA EM INCIDENTE JULGADO PELO ÓRGÃO ESPECIAL – ISSQN – INEXIGIBILIDADE – COMPENSAÇÃO DE CRÉDITOS TRIBUTÁRIOS – AUSÊNCIA DE LEI – NÃO CABIMENTO. O Órgão Especial deste egrégio Tribunal de Justiça, no julgamento da Arguição de Inconstitucionalidade n. 1.0024.10.039640-7/004, por unanimidade, acolheu o incidente para declarar a inconstitucionalidade da inclusão do contrato de franquia no rol dos serviços sujeitos ao ISSQN." BRASIL, Tribunal de Justiça do Estado de Minas Gerais. Apelação n. 1.0000.18.142318-7/001, 19ª Câmara Cível. Des. Rel. Leite Praça. 28 de março de 2019.

4. CONTROVÉRSIAS ENVOLVENDO CONTRATOS DE FRANQUIA

e os locadores desses imóveis. De acordo com informações divulgadas pela Associação Brasileira de *Franchising* (ABF), 40% das lojas satélites de franquia estão instaladas em *shoppings centers*, os quais, além de cobrarem o valor da locação mensal, também cobram de seus locatários valores relacionados a fundo de promoção e verbas condominiais[218].

Diante do contexto de pandemia gerada pelo Covid-19, parte significativa do comércio teve de fechar as portas ao final do primeiro trimestre de 2020, fato que resultou em uma série de demandas judiciais por parte dos franqueados para a revisão de valores previstos em contratos de locação.

Foram selecionadas para este estudo 92 decisões proferidas em processos judiciais distribuídos no período de 1.3.2020 a 4.5.2020 ao Poder Judiciário no Estado de São Paulo e que tinham por escopo a revisão de contratos de locação de imóveis comerciais[219]. Todas eram ainda de natureza interlocutória,

---

[218] Disponível em: https://www.abf.com.br/carta-da-abf-para-a-abrasce-e-administradoras-de--shopping-centers/. Acesso em: 25 maio 2020.

[219] Decisões proferidas em primeira instância nos seguintes processos: 1006346-15.2020.8.26.0562, 1003294-34.2020.8.26.0037, 1001709-11.2020.8.26.0533, 1028943-06.2020.8.26.0100, 1011785-81.2020.8.26.0602, 1018042-79.2020.8.26.0002, 1000743-96.2020.8.26.0323, 1030290-74.2020.8.26.0100, 1002368-20.2020.8.26.0048, 1010887-38.2020.8.26.0224, 1028768-12.2020.8.26.0100, 1027911-63.2020.8.26.0100, 1027996-49.2020.8.26.0100, 1026645-41.2020.8.26.0100, 1027402-35.2020.8.26.0100, 1011452-32.2020.8.26.0602, 1030187-67.2020.8.26.0100, 1007725-25.2020.8.26.0001, 1018376-16.2020.8.26.0002, 1004083-23.2020.8.26.0008, 1029645-49.2020.8.26.0100, 1002216-70.2020.8.26.0565, 1011151-94.2020.8.26.0114, 1001984-98.2020.8.26.0099, 1011779-83.2020.8.26.0114, 1028453-81.2020.8.26.0100, 1018252-33.2020.8.26.0002, 1035109-34.2019.8.26.0506, 1017692-91.2020.8.26.0002, 1008049-33.2020.8.26.0577, 1029019-30.2020.8.26.0100, 1005224-47.2020.8.26.0309, 1006550-59.2020.8.26.0562, 1001730-84.2020.8.26.0533, 1004118-80.2020.8.26.0008, 1004259-61.2020.8.26.0344, 1003335-94.2020.8.26.0006, 1018538-11.2020.8.26.0002, 1030378-15.2020.8.26.0100, 1001409-86.2020.8.26.0650, 1030438-85.2020.8.26.0100, 1006355-74.2020.8.26.0562, 1003243-85.2020.8.26.0566, 1001304-41.2020.8.26.0220, 1006543-67.2020.8.26.0562, 1003712-51.2020.8.26.0625, 1005174-21.2020.8.26.0309, 1018197-82.2020.8.26.0002, 1001208-21.2020.8.26.0157, 1004895-79.2020.8.26.0068, 1001254-15.2020.8.26.0220, 1011653-91.2020.8.26.0224, 1030243-03.2020.8.26.0100, 1031510-10.2020.8.26.0100, 1018700-06.2020.8.26.0002, 1004132-64.2020.8.26.0008, 1008595-70.2020.8.26.0001, 1008477-94.2020.8.26.0001, 1003312-09.2020.8.26.0020, 1003080-97.2020.8.26.0019, 1002796-81.2020.8.26.0248, 1001490-35.2020.8.26.0650, 1010893-84.2020.8.26.0114 e 1006401-63.2020.8.26.0562. Decisões proferidas em segunda instância nos seguintes processos: 2063701-03.2020.8.26.0000, 2065372-61.2020.8.26.0000, 2063045-46.2020.8.26.0000, 1028234-68.2020.8.26.0100, 2069928-09.2020.8.26.0000, 2066375-51.2020.8.26.0000, 2066303-64.2020.8.26.0000, 2067135-97.2020.8.26.0000, 2071510-44.2020.8.26.0000, 2061468-33.2020.8.26.0000, 2070438-22.2020.8.26.0000, 2072070-83.2020.8.26.0000, 2069513-26.2020.8.26.0000, 2071154-49.2020.8.26.0000, 2067001-70.2020.8.26.0000, 2070513-61.2020.8.26.0000, 2065063-40.2020.8.26.0000, 2066739-23.2020.8.26.0000, 2068208-07.2020.8.26.0000, 2072938-61.2020.8.26.0000, 2075431-11.2020.8.26.0000,

uma vez que à época da pesquisa, essas demandas ainda não contavam com decisões finais de mérito.

Dessas 92 decisões, 58 diziam respeito a imóveis comerciais de rua e 34 tratavam de imóveis dentro de *shopping centers*. Imagina-se que parte significativa desses contratos de locação tenha sido firmada por empresas franqueadas.

Em 63% das decisões, o Poder Judiciário deferiu algum tipo de medida de revisão contratual, seja para a redução temporária do valor da locação originalmente contratada, seja ainda para o sobrestamento temporário de cobranças a título de taxas e de locações. Referidas decisões encontraram fundamento na teoria da imprevisão (art. 317 do Código Civil), na onerosidade excessiva (478 a 480 do Código Civil) e em situações de contexto específico relacionados à pandemia e à atividade desenvolvida pelo locatário no imóvel.

Nos casos em que a revisão contratual foi indeferida (37% das decisões avaliadas), as decisões se fundamentaram preponderantemente na impossibilidade de se transferir ao locador a onerosidade do quanto contratado, na impossibilidade de o Poder Judiciário interferir nas relações privadas contratadas e na necessidade de oitiva do locador antes de apreciação de tutelas antecipatórias dessa natureza.

Esses são basicamente os temas mais recorrentemente levados ao Poder Judiciário envolvendo contratos de franquia, seja entre as próprias partes contratantes, seja entre estas e terceiros.

2072891-87.2020.8.26.0000, 2072461-38.2020.8.26.0000, 2071790-15.2020.8.26.0000, 2061905-74.2020.8.26.0000, 2061573-10.2020.8.26.0000 e 2075034-49.2020.8.26.0000.

CONCLUSÕES

No contexto de internacionalização e globalização, em que prevalece o sistema capitalista, o mercado e o consumo influenciam sobremaneira o desenvolvimento das empresas e dos países.

Empresários detentores de grandes marcas, que em razão de sua qualidade e de publicidade ganharam reconhecimento e consolidação por vezes mundial, conseguem, através do *franchising*, garantir a expansão de seus negócios de produção ou comercialização dos produtos e serviços identificados pela sua marca, sem realizar vultosos investimentos. Por meio da autorização do uso da marca e tecnologia, do acompanhamento e fiscalização das atividades franqueadas e da obtenção de lucros advindos da expansão dos mercados, o contrato de franquia segue a tendência mundial de migração das grandes corporações que demandam custosos investimentos e penosa atividade para o desenvolvimento de uma eficiente administração de operações terceirizadas.

Atualmente, um dos maiores desafios das empresas é alcançar diferentes mercados, penetrando-se nas mais variadas regiões, sem a aplicação significativa de investimentos, mas garantindo o reconhecimento e a credibilidade da marca.

Diante de acirrada competição pela dominação de novos mercados consumidores, o *franchising* passou a ser uma atraente opção, seja para os grandes empresários/franqueadores, ao expandirem suas redes a diferentes territórios, sem elevados investimentos com instalação e administração de unidades, seja para os pequenos e médios empresários/franqueados, dispostos a investir capital em zonas determinadas, sob uma bandeira, cujos valor e qualidade já foram reconhecidos pelos clientes, e através do uso de tecnologia de produção, execução e administração da atividade empresarial.

Com origem nos Estados Unidos, durante o século XIX, a franquia empresarial desenvolveu-se e ganhou protagonismo no mundo contemporâneo, seja na comercialização de produtos, na prestação de serviços, ou mesmo na área de industrialização ou fabricação de determinados bens. O sistema de franquia passou a ser adotado no Brasil durante o século XX.

Após o desenvolvimento de variada conceituação por juristas brasileiros e pela própria Lei n. 8.955/1994, que disciplinou o contrato de franquia no Brasil por mais de 25 anos, a Lei n. 13.966/2019, em vigor a partir de março de 2020, passou a definir a franquia como o contrato empresarial pelo qual o franqueador oferece ao franqueado sua imagem e marca já consolidadas no mercado, sua estrutura gerencial, práticas e técnicas de produção (*know-how*) e/ou comerciais, de organização e publicidade, em contrapartida à participação deste na rede do franqueador, de seus investimentos de capital próprio e do pagamento de taxas e de *royalties*. A atividade do franqueado é desenvolvida com autonomia gerencial supervisionada e conta, em regra, com exclusividade em zona geográfica contratualmente determinada.

O contrato de franquia pode ser classificado como um contrato híbrido, típico, formal, bilateral ou sinalagmático, oneroso, *intuito personae*, de trato sucessivo e por adesão. Trata-se de contrato que envolve um complexo negocial amplo, mas que, devido às suas características e especificidades, não deve ser confundido com outras figuras contratuais, sobretudo com agência, concessão comercial, representação comercial, comissão ou licença de uso de marca.

O *franchising* compreende diferentes modalidades, a depender do formato de gestão empresarial adotado (franquia de marca ou produto/tradicional e franquia negócio formatado/*business format franchising*); da natureza da atividade franqueada (de produção, de distribuição, de serviços ou industrial); e do sistema contratual adotado (franquia-mestre/*master franchising*, franquia de desenvolvimento de área/*area development franchise* e franquia de canto/*corner franchising*).

A Lei n. 13.966/2019 (Nova Lei de Franquia) foi sancionada poucos meses depois da entrada em vigor da Lei n. 13.874/2019 (Lei da Liberdade Econômica), ambas dentro de uma tendência legislativa que prioriza o empreendedorismo, a liberdade contratual e a aproximação do Brasil a ambientes de negócios de países desenvolvidos.

Mais uma atualização do que revolução, a Lei n. 13.966/2019 aprimorou conceitos outrora previstos na Lei n. 8.955/1994, detalhou obrigações atribuídas a franqueador e franqueado e trouxe inovações destinadas a pacificar questões controvertidas.

CONCLUSÕES

A Lei n. 13.966/2019 destaca a ausência de relação de consumo entre as partes do contrato de franquia e reforça a inexistência de vínculo empregatício entre franqueador e franqueado e entre franqueador e empregados do franqueado, temas bastante debatidos no Poder Judiciário.

Assim como na revogada Lei n. 8.955/1994, a carta de oferta de franquia apresenta-se como foco principal da legislação em vigor, na qual devem constar procedimentos e padrões de comportamento esperados do franqueado, descrição da cultura empresarial da rede de franquia e especificidades dos produtos e/ou serviços oferecidos ao mercado. Baseada no princípio do *disclosure*, que visa à transparência nas relações contratuais, a Lei n. 13.966/2019 determina ao franqueador que municie o interessado em adquirir a franquia, anteriormente à celebração do contrato de franquia, de detalhes necessários à análise perfunctória e à aprofundada avaliação das expectativas e dos riscos inerentes ao negócio.

O não atendimento do prazo mínimo de 10 dias entre as datas da apresentação da carta de oferta de franquia ao candidato a franqueado e da assinatura do contrato de franquia, ou a insuficiência de informações constantes no documento, podem resultar a anulação do contrato, além da incidência de outras penalidades, como o ressarcimento de valores pagos à franqueadora e sanções penais cabíveis, se for o caso.

O novo texto legal incrementa as informações que devem constar na carta de oferta de franquia, das quais se destacam o histórico de franqueados que se desligaram da rede nos últimos 24 meses, as regras de concorrência entre unidades próprias e franqueadas e entre os franqueados, os detalhes relacionados ao prazo de vigência do contrato, à marca e demais direitos de propriedade intelectual a serem licenciados, à indicação de fornecedores aprovados pelo franqueador, as quotas mínimas de aquisição de produtos, o nível de suporte e de supervisão que serão oferecidos pelo franqueador ao franqueado, as regras de cessão e de sucessão contratual e a indicação da existência de conselho ou associação de franqueados e suas respectivas atribuições.

A Lei n. 13.966/2019 passa a contar com expressa permissão para a sublocação do ponto comercial pelo franqueador, desde que não haja onerosidade excessiva e desde que preservado o equilíbrio econômico do contrato. Ademais, restam expressas a possibilidade de contratos internacionais de franquia contarem com eleição de foro estrangeiro e a possibilidade de adoção da arbitragem para a resolução de disputas decorrentes de contratos de franquia.

Verificou-se neste estudo que tanto a Lei n. 8.955/1994 como a Lei n. 13.966/2019, ao disciplinarem o sistema de franquia no Brasil, regulam primordialmente o momento pré-contratual, sendo talvez propositadamente omissas quanto às obrigações contratuais e às consequências decorrentes da extinção dos contratos, aos quais incidem os princípios e as regras gerais previstas no Código Civil e as disposições que vierem a ser pactuadas nos próprios contratos de franquia.

Após tecer considerações relacionadas à origem, conceituação e evoluções histórica e legislativa do sistema de franquia, este estudo aborda a ausência de perpetuidade dos contratos de trato continuado, tais quais os contratos de franquia, sejam eles firmados por prazo determinado ou indeterminado.

Dentro do contexto de ausência de perpetuidade das relações contratuais, são descritas as modalidades de extinção contratual, notadamente a extinção contratual reputada "normal" (nos casos em que há a execução do contrato, com a consequente extinção dos direitos e obrigações nele previstas) e a extinção "anômala" (em que o contrato é extinto antes do seu advento final, ou seja, antes de cumpridas as obrigações nele pactuadas). A extinção contratual anômala, por sua vez, pode decorrer de motivos anteriores ou concomitantes à celebração do contrato (vícios que resultam em nulidade ou anulabilidade) ou de motivos supervenientes à celebração (resolução, resilição ou rescisão).

O presente estudo busca sistematizar hipóteses em que a extinção do contrato de franquia possa resultar obrigações indenizatórias, considerando a aposição de termo final ou não, a partir da teoria do abuso de direito positivada no Código Civil e da teoria geral da responsabilidade civil.

Nos contratos por prazo indeterminado, admite-se que sejam rompidos a qualquer tempo e mesmo sem justa causa, constituindo um direito das partes sua desvinculação. No entanto, caso o seu exercício ocorra de forma abusiva, sem a concessão de aviso prévio e sem que tenha sido oferecida oportunidade de tempo razoável à amortização de investimentos realizados para o desenvolvimento do negócio, a parte denunciante pode se sujeitar ao pagamento de indenização por danos efetivamente comprovados.

Nos acordos celebrados por prazo determinado, a expiração do prazo implica a extinção automática do contrato, salvo se houver cláusula prevendo sua prorrogação, sem direito à indenização por qualquer das partes.

A relação contratual do *franchising* deve se basear, sobretudo, na confiança e na cooperação recíproca entre franqueador e franqueado, alcançando-lhes direitos, obrigações, vantagens e desvantagens no desenvolvimento da relação contratual.

Este estudo permite concluir que a teoria geral dos contratos disciplinada pelo Código Civil e a Lei n. 13.966/2019 não trazem solução a todos os

CONCLUSÕES

potenciais conflitos decorrentes desse tipo de parceria contratual. Tendo em vista as lacunas legais, buscou-se sugerir condutas e cláusulas contratuais que, embora não obrigatórias, já que não decorrentes da lei, se adotadas pelas partes contratantes, poderiam mitigar conflitos. Outrossim, a segurança jurídica das partes depende de adequada regulamentação de direitos e obrigações nos próprios contratos de franquia, dentro do contexto legal de liberdade negocial.

Este estudo procura analisar como o Poder Judiciário brasileiro e os tribunais arbitrais têm solucionado os principais focos de disputas envolvendo franquias que lhes são submetidas, não sem antes traçar um panorama sobre vantagens e desvantagens em se adotar a arbitragem como meio de solução de controvérsias sobre franquias, no que diz respeito a debates relacionados à validade da cláusula arbitral em contratos de franquia e à celeridade, confidencialidade, expertise do julgador, despesas e flexibilidade de procedimentos arbitrais.

Foram analisadas algumas sentenças arbitrais que abordaram controvérsias decorrentes de contratos de franquia, cujo teor foi divulgado em processos judiciais. Surgiram algumas tendências, no tocante, por exemplo, à avaliação pelos árbitros das condutas das partes a partir do postulado da boa-fé objetiva, à redução de valores de multas contratuais e às provas produzidas em procedimentos arbitrais.

Diante do crescente e significativo volume de disputas envolvendo contratos de franquia submetidas ao Poder Judiciário brasileiro, o que se acredita tratar de efeito colateral natural e esperado do também crescente volume de negócios do Brasil dentro do sistema de *franchising*, este estudo apresenta traços da jurisprudência formada a respeito de determinadas controvérsias, mormente quanto à costumeira ratificação pelo Poder Judiciário das disposições constantes em contratos de franquia, a exemplo daquelas que regulamentam o período de pré-aviso, a recompra de produtos em caso de extinção contratual e o pagamento de verbas indenizatórias (no tocante à quantificação do dano moral e ao cabimento de indenização por dano material nas diferentes hipóteses de extinção).

A indenização ao franqueado pela clientela ou fundo de comércio não é admitida à unanimidade. Há precedentes que atribuem esse ativo exclusivamente ao franqueador e outros que entendem tratar-se da comunhão entre franqueador e franqueado, especialmente quando a marca franqueada for originalmente pouco conhecida no local ou território onde se instaurou a franquia.

A ruptura contratual enseja consequências quanto à marca que já não mais poderá ser utilizada pelo franqueado e às técnicas e *know-how* que, além de não mais poderem ser utilizadas pelo franqueado, não poderão ser reveladas ou aproveitadas pelo franqueado, sob pena de, a depender das especificidades de caso a caso, configurar concorrência desleal.

Foi possível constatar, ademais, que o Poder Judiciário vem se mostrando simpático a pleitos revisionais temporários de contratos de locação firmados por locatários franqueados, diante da pandemia decorrente do Covid-19, iniciada no Brasil, ao final do primeiro trimestre de 2020.

Não se pretendeu com este estudo esgotar o tema envolvendo franquias, mas apenas explanar algumas discussões sobre o contrato de franquia, que se apresenta hoje como um bem-sucedido mecanismo empresarial, presente no cenário jurídico brasileiro e mundial. O contrato de franquia gera consequências e implicações que afetam não só os empresários contratantes, como também as autoridades públicas (especialmente quando se debate a incidência de tributos sobre as operações contratadas entre franqueador e franqueado) e consumidores (no que diz respeito à responsabilidade solidária entre franqueador e franqueado).

Acredita-se que, devido à difusão globalizada, o *franchising* conta com forte tendência de crescimento. O aperfeiçoamento da legislação disciplinadora do contrato de franquia tem potencial para mitigar e solucionar conflitos de interesses advindos das relações entre as partes contratantes e dessas com terceiros. Essa é, sem dúvida, a principal conclusão deste estudo.

REFERÊNCIAS

ABRÃO, Nelson. A lei da franquia empresarial (n. 8.955, de 15.12.1994). Revista dos Tribunais, v. 722, pp. 25-39, dez. 1995. Doutrinas Essenciais de Direito Empresarial, v. 4, pp. 627-652, dez. 2010.

ALMEIDA, Ana Paula Kummer Oliveira de; ALMEIDA JÚNIOR, José Gerlondson Carneiro de. Contrato de franquia: possíveis problemas da relação contratual. Revista de Direito Privado, v. 94, pp. 99-115, out. 2018.

ALMEIDA, Marcus Elidius Michelli de. Abuso do direito e concorrência desleal. São Paulo: Quartier Latin, 2004.

AZEVEDO, Aída Helena Cerqueira de. O sistema de franquia na organização pública – caso da Empresa Brasileira de Correios e Telégrafos. Dissertação (Mestrado) – Curso de Direito, Escola Brasileira de Administração Pública, Fundação Getúlio Vargas, Rio de Janeiro, 1999.

AZEVEDO, Álvaro Villaça. **Curso de direito civil**: contratos típicos e atípicos. São Paulo: SaraivaJur, 2019.

BAPTISTA, Luiz Olavo. Contratos internacionais. São Paulo: Lex Magister, 2011.

BARBOSA, Cláudio Roberto. O contrato de franquia e sua dimensão empresarial vista pela jurisprudência. *In:* **Contratos empresariais** – interpretados pelos Tribunais. (coord.) Asdrúbal Franco Nascimbeni, Augusto Tavares Rosa Marcacini e Maria Odete Duque Bertasi. São Paulo: Quartier Latin, 2014.

BARRETO, Aires Fernandino. ISS – não incidência sobre franquia. Revista de Direito Tributário, n. 64, jul.-set., 1996.

BARROSO, Luiz Felizardo. *Franchising*: modificações à lei vigente – estratégia e gestão. Rio de Janeiro: Forense, 2003.

BRAGA, Carlos. D. A. Contrato de franquia empresarial. *In:* **Tratado de Direito Comercial**, v. 6: estabelecimento comercial, propriedade industrial e direito da concorrência. (coord.) Fábio Ulhoa Coelho. São Paulo: Saraiva, 2015.

BRANCHER, Paulo Marcos Rodrigues. Ilegalidade *prima facie* como limitador do princípio da competência-competência. Uma análise em relação a matérias de ordem pública. **Revista de Arbitragem e Mediação**, v. 53, abr.-jun., 2017.

CARROZZA, Antonio. **Lezioni sul diritto agrario**. Elementi di teoria generale. 2. ed. Milano: Giuffrè, 1988.

CARVALHO, Paulo de Barros. Não-incidência do ISS sobre atividades de franquia (*franchising*). **Revista de Estudos Tributários**, v. 10, n. 56, jul.-ago., 2007.

CASTRO, Fernando Botelho Penteado de. Contrato típico de concessão comercial. *In*: (coord.) COELHO, Fábio Ulhoa. **Tratado de direito comercial** – obrigações e contratos empresariais. São Paulo: Saraiva, 2015.

CHERTO, Marcelo; CAMPORA, Fernando; GARCIA, Filomena; RIBEIRO, Adir; IMPERATORE, Luís Gustavo. *Franchising*: uma estratégia para a expansão de negócios. São Paulo: Premier Máxima, 2006.

COELHO, Fábio Ulhoa. Curso de direito comercial. v. 1. 21. ed. São Paulo: Saraiva, 2017.

COELHO, Fábio Ulhoa. **Novo manual d**e direito comercial. Direito de empresa. 31. ed. São Paulo: RT, 2020.

CRETELLA NETO, José. Do contrato internacional de *franchising*. Rio de Janeiro: Forense, 2000.

CREUZ, Luís Rodolfo Cruz e; OLIVEIRA, Bruno Batista da Costa de. Indenização no sistema de franquia empresarial. **Revista dos Tribunais**, São Paulo, v. 852, out. 2006.

DINIZ, Maria Helena. Curso de direito civil brasileiro – teoria das obrigações contratuais e extracontratuais. v. 3. 26. ed. São Paulo: Saraiva, 2010.

DINIZ, Maria Helena. Código Civil **anotado**. 14. ed. São Paulo: Saraiva, 2009.

DI PIETRO, Maria Sylvia Zanella. **Parcerias na administração pública**: concessão, permissão, franquia, terceirização, parceria público-privada e outras formas. 9. ed. São Paulo: Atlas, 2012.

DOLINGER, Jacob. Direito internacional privado: contratos e obrigações no direito internacional privado. Rio de Janeiro: Renovar, 2007.

FENTIMAN, Richard. **International commercial litigation**. Oxford: OUP, 2015.

FINKELSTEIN, Maria Eugênia. Manual de direito empresarial. 8. ed. São Paulo: Atlas, 2016.

FRANSCINO, Christiane Macarron. Contrato de franquia. *In*: **Temas relevantes de direito empresarial**. (coord.) Tatiana Bonatti Peres. Rio de Janeiro: Lumen Juris, 2014.

GIUSTI, Gilberto. Nova Lei de Franquia Empresarial (13.966/19) – qual a necessidade de dispositivo expresso "permitindo" solução de conflitos por arbitragem? Migalhas. Disponível em: https://www.migalhas.com.br/dePeso/16,MI317768,61044-Nova+Lei+de+Franquia+Empresarial+1396619+Qual+a+necessidade+de. Acesso em: 29 jan. 2020.

GOMES, Orlando. **Contratos**. 27. ed. (atual.) Edvaldo Brito; Reginalda Paranhos de Brito. Rio de Janeiro: Forense, 2019.

JESS, Ana Cristina Von. *Franchising* **no Brasil**: tudo o que você precisa saber. Rio de Janeiro: Lumen Juris, 2018.

LAYTON, Robert. Changing attitudes toward dispute resolution in Latin America. **Journal of International Arbitration**, v. 10, 1993.

LEITE, Roberto Cintra. **Franquia na criação de novos negócios**. São Paulo: Atlas, 1990.

LISBOA, Roberto Senise. **Manual de direito civil** – direito das obrigações e responsabilidade civil. v. 2. 4. ed. São Paulo: Saraiva, 2009.

LOBO, Jorge. **Contrato de *franchising*.** Rio de Janeiro: Forense, 1997.

MARINO, Francisco Paulo de Crescenzo. **Revisão contratual.** São Paulo: Almedina, 2020.

MARTINS, Fran. **Curso de direito comercial:** contratos e obrigações comerciais. 17. ed. Rio de Janeiro: Forense, 2017.

MARTINS, Sergio Pinto. O *franchising* como forma de terceirização. Revista de Direito do Trabalho, v. 95, pp. 33-42, jul.-set. 1996.

MONTEIRO, Washington de Barros. Curso de direito civil – direito das obrigações. 2ª parte. 35. ed. São Paulo: Saraiva, 2007.

NEGRÃO, Ricardo. **Curso de direito comercial e de empresa:** títulos de crédito e contratos empresariais. 6. ed. São Paulo: Saraiva, 2017.

NUNES, Thiago Marinho. A nova Lei de Franquia, arbitragem e contratos internacionais. **Migalhas.** Disponível em: https://www.migalhas.com.br/coluna/arbitragem--legal/319283/a-nova-lei-de-franquia-arbitragem-e-contratos-internacionais. Acesso: 29 jan. 2020.

PASTORE, Ana Cláudia; CAHALI, Francisco José; RODOVALHO, Thiago. O uso de ADRS nas disputas de franquia. **Revista Brasileira de Arbitragem, Arbitragem e Mediação em Matéria de Propriedade Intelectual.** CBAr & IOB. 2014.

PEREIRA, Caio Mário da Silva. **Instituições de direito civil** – contratos. v. 3. 22. ed. Rio de Janeiro: Forense, 2018.

PIRAJÁ, André Bedin; CANESIN, Maria Eugênia Canesin. A cláusula de não concorrência comercial nos contratos de franquia. **Revista de Direito Empresarial**, v. 7, pp. 37-51, jan.-fev., 2015.

RAMIREZ, Maria Eugenia; TAGTACHIAN, Daniela. The precedential effect of increasing transparency. **ICC Dispute Resolution Bulletin**, 2017.

REQUIÃO, Rubens. Contrato de concessão comercial com exclusividade de postos de revenda de gasolina. *In*: **Aspectos modernos de direito comercial**. Cap. VI. Contratos Mercantis. 2. v. São Paulo: Saraiva, 1980.

REQUIÃO, Rubens. Concessão comercial atípica e seus efeitos. *In*: **Aspectos modernos de direito comercial**. Cap. X. Contratos Mercantis. 3. v. São Paulo: Saraiva, 1986.

SIMÃO FILHO, Adalberto. *Franchising*: aspectos jurídicos e contratuais. São Paulo: Atlas, 1993.

SMEUREANU, Ileana M. **Confidentiality in international commercial arbitration**. The Hague: Kluwer Law International, 2011.

THEODORO JÚNIOR, Humberto; MELLO, Adriana Mandim Theodoro de. **Contratos de colaboração empresarial**. Rio de Janeiro: Forense, 2019.

TIMM, Luciano Benetti; SOUZA DIAS, Lucas de. Arbitragem nos contratos de franquia. Revista Brasileira de Arbitragem, v. 6, n. 21, jan.-mar., 2009.

TORRE, Riccardo Giuliano Figueira. The annulment of *prima facie* pathological arbitration clauses as a new exception to the competence-competence principle: analyzing the Brazilian Superior Court of Justice's decision vis-à-vis U.S. case law. **Revista de Arbitragem e Mediação**, v. 56, jan.-mar., 2018.

VENOSA, Sílvio de Salvo. **Direito civil**: contratos. 19. ed. São Paulo: Atlas, 2019.

VERÇOSA, Haroldo Malheiros Duclerc. O STJ e a natureza jurídica do contrato de franquia. **Revista dos Tribunais**, v. 976, pp. 75-84, fev. 2017.

WAISBERG, Ivo. Franquia. *In:* (coord.) CARVALHOSA, Modesto. **Tratado de direito empresarial** – contratos mercantis. v. IV. São Paulo: RT, 2018.

WAISBERG, Ivo. Contratos mercantis. *In:* (coord.) CARVALHOSA, Modesto. **Tratado de direito empresarial**. v. IV. 2. ed. São Paulo: RT, 2018.

REFERÊNCIAS LEGISLATIVAS

BRASIL. Lei n. 13.966. Diário Oficial da União. Brasília: 26 de dezembro de 2019.

BRASIL. Lei n. 13.874. Diário Oficial da União. Brasília: 20 de setembro de 2019.

BRASIL. Lei n. 13.429. Diário Oficial da União. Brasília: 31 de março de 2017.

BRASIL. Lei n. 13.129. Diário Oficial da União. Brasília: 26 de maio de 2015.

BRASIL. Lei n. 10.406. Diário Oficial da União. Brasília: 10 de janeiro de 2002.

BRASIL. Lei n. 9.307. Diário Oficial da União. Brasília: 23 de setembro de 1996.

BRASIL. Lei n. 8.955. Diário Oficial da União. Brasília: 15 de dezembro de 1994.

BRASIL. Lei n. 8.884. Diário Oficial da União. Brasília: 13 de junho de 1994.

BRASIL. Lei n. 8.245. Diário Oficial da União. Brasília: 18 de outubro de 1991.

BRASIL. Lei n. 8.132. Diário Oficial da União. Brasília: 27 de dezembro de 1990.

BRASIL. Lei n. 8.078. Diário Oficial da União. Brasília: 11 de setembro de 1990.

BRASIL. Constituição Federal da República. Promulgação: 5 de outubro de 1988.

BRASIL. Lei n. 6.729. Diário Oficial da União. Brasília: 29 de novembro de 1979.

BRASIL. Lei n. 6.019 Diário Oficial da União. Brasília: 3 de janeiro de 1974.

BRASIL. Lei n. 4.886. Diário Oficial da União. Brasília: 10 de dezembro de 1965.

JURISPRUDÊNCIA

BRASIL. Supremo Tribunal Federal. Recurso Extraordinário n. 603.136. Rel. Min. Gilmar Mendes. 29 de maio de 2020.

BRASIL. Supremo Tribunal Federal. Agravo em Recurso Extraordinário n. 1.184.969/PR. Rel. Min. Ricardo Lewandovski. Decisão Monocrática. 28 de março de 2019.

BRASIL. Supremo Tribunal Federal. Agravo em Recurso Extraordinário n. 1.050.089/SP. Rel. Ricardo Lewandovski. Decisão Monocrática. 12 de junho de 2017.

BRASIL. Tribunal Superior do Trabalho. Recurso de Revista n. 312-74.2014.5.17.0005. 3ª Turma. Rel. Min. Mauricio Godinho Delgado. 23 de março de 2018.

BRASIL. Superior Tribunal de Justiça. AgRg no Agravo em Recurso Especial n. 759.656/SP. 4ª Turma. Min. Rel. Maria Isabel Gallotti. 24 de setembro de 2019.

BRASIL. Superior Tribunal de Justiça. AgInt no Agravo em Recurso Especial n. 1.194.242/SP. 3ª Turma. Rel. Marco Aurélio Bellizze. 13 de agosto de 2018.

BRASIL. Superior Tribunal de Justiça. Agravo em Recurso Especial n. 1.130.589/SP. 4ª Turma. Rel. Antonio Carlos Ferreira. 14 de fevereiro de 2018.

BRASIL. Superior Tribunal de Justiça. Recurso de Revista n. 102-5.2010.5.04.0014. 2ª Turma. Rel. Min. Delaíde Miranda Arantes. 30 de junho de 2017.

REFERÊNCIAS

BRASIL. Superior Tribunal de Justiça. Agravo de Instrumento em Recurso de Revista n. 177-60.2015.5.09.0325. 5ª Turma. Rel. Min. Antonio José de Barros Levenhagen. 24 de março de 2017.

BRASIL. Superior Tribunal de Justiça. Agravo de Instrumento em Recurso de Revista n. 10799-26.2014.5.18.0054. 6ª Turma. Rel. Min. Kátia Magalhães Arruda. 2 de dezembro de 2016.

BRASIL. Superior Tribunal de Justiça. Recurso Especial n. 1.602.076/SP. 3ª Turma. Rel. Nancy Andrighi. 15 de setembro de 2016.

BRASIL. Superior Tribunal de Justiça. Recurso Especial n. 1.426.578/SP. 3ª Turma. Rel. Marco Aurélio Belizze. 23 de junho de 2015.

BRASIL. Superior Tribunal de Justiça. Recurso Especial n. 1517201/RJ. Rel. Ricardo Villas Bôas Cueva. 3ª Turma. 15 de maio de 2015.

BRASIL. Superior Tribunal de Justiça. Agravo de Instrumento em Recurso de Revista n. 1884-09.2012.5.18.0102. 7ª Turma. Rel. Min. Douglas Alencar Rodrigues. 6 de fevereiro de 2015.

BRASIL. Superior Tribunal de Justiça. Agravo em Agravo de Instrumento em Recurso de Revista n. 1254-35.2012.5.18.0010. 2ª Turma. Rel. Min. José Roberto Freire Pimenta. 21 de março de 2014.

BRASIL. Superior Tribunal de Justiça. Recurso Especial n. 1.326.557/PA. 4ª Turma. Rel. Luis Felipe Salomão. 3 de dezembro de 2012.

BRASIL. Superior Tribunal de Justiça. Recurso Especial n. 632.958/AL. 4ª Turma. Rel. Aldir Passarinho Junior. 4 de março de 2010.

BRASIL. Superior Tribunal de Justiça. Recurso Especial n. 1.131.872/SC. 1ª Sessão. Rel. Luiz Fux. 9 de dezembro de 2009.

BRASIL. Superior Tribunal de Justiça. Agravo Regimental no Agravo 988.736/SP. Rel. Aldir Passarinho Junior. 4ª Turma. 3 de novembro de 2008.

BRASIL. Superior Tribunal de Justiça. Recurso Especial n. 818.799/SP. 3ª Turma. Min. Rel. Castro Filho. 9 de agosto de 2007.

BRASIL. Superior Tribunal de Justiça. Recurso Especial n. 687.322/RJ. 3ª Turma. Rel. Carlos Alberto Menezes Direito. 21 de setembro de 2006.

BRASIL. Superior Tribunal de Justiça. Recurso Especial n. 668646/AL. Rel. Castro Filho. 3ª Turma. 24 de fevereiro de 2006.

BRASIL. Superior Tribunal de Justiça. Recurso Especial n. 440.663/SP. Rel. Fernando Gonçalves. 4ª Turma. 16 de fevereiro de 2004.

BRASIL. Superior Tribunal de Justiça. Recurso Especial n. 534.105-MT. Rel. Cesar Asfor Rocha. 4ª Turma. 16 de setembro de 2003.

BRASIL. Superior Tribunal de Justiça. Recurso Especial n. 200.856-SE. Rel. Ari Pargendler. 3ª Turma. 15 de fevereiro de 2001.

BRASIL. Tribunal de Justiça do Estado de Minas Gerais. Apelação n. 1.0000.18.142318-7/001. 19ª Câmara Cível. Rel. Leite Praça. 28 de março de 2019.

BRASIL. Tribunal de Justiça do Estado de Minas Gerais. Apelação Cível n. 472.603-8. 1ª Câmara Civil do Tribunal de Alçada de Minas Gerais. Rel. Fernando Caldeira Brant. 28 de dezembro de 2004.

CONTRATOS DE FRANQUIA: ORIGEM, EVOLUÇÃO LEGISLATIVA E CONTROVÉRSIAS

BRASIL. Tribunal de Justiça do Estado de São Paulo. Apelação Cível 1000564-58.2015.8.26.0576. Rel. Carlos Dias Motta. 1ª Câmara Reservada de Direito Empresarial. 11 de novembro de 2019.

BRASIL. Tribunal de Justiça do Estado de São Paulo. Apelação n. 1003940-32.2016.8.26.0248. 2ª Câmara Reservada de Direito Empresarial. Rel. Sérgio Shimura. 29 de outubro de 2019.

BRASIL. Tribunal de Justiça do Estado de São Paulo. Agravo de Instrumento n. 2162910-76.2019.8.26.0000. Rel. Grava Brazil. 2ª Câmara Reservada de Direito Empresarial. 20 de setembro de 2019.

BRASIL. Tribunal de Justiça do Estado de São Paulo. Agravo de Instrumento n. 2263210-80.2018.8.26.0000. 1ª Câmara Reservada de Direito Empresarial. Rel. Cesar Ciampolini. 15 de agosto de 2019.

BRASIL. Tribunal de Justiça do Estado de São Paulo. Apelação Cível n. 1001638-86.2016.8.26.0100. 2ª Câmara Reservada de Direito Empresarial. Rel. Alexandre Marcondes. 27 de junho de 2019.

BRASIL. Tribunal de Justiça do Estado de São Paulo. Apelação Cível n. 1106272-36.2016.8.26.0100. 1ª Câmara Reservada de Direito Empresarial. Rel. Alexandre Lazzarini. 8 de maio de 2019.

BRASIL. Tribunal de Justiça do Estado de São Paulo. Apelação Cível n. 1031785-33.2017.8.26.0562. 2ª Câmara Reservada de Direito Empresarial. Rel. Ricardo Negrão. 8 de abril de 2019.

BRASIL. Tribunal de Justiça do Estado de São Paulo. Apelação Cível 1008784-61.2015.8.26.0506. Rel.Ricardo Negrão. 2ª Câmara Reservada de Direito Empresarial. 6 de fevereiro de 2019.

BRASIL. Tribunal de Justiça do Estado de São Paulo. Apelação n. 1003697-73.2014. 8.26.0114. 2ª Câmara Reservada em Direito Empresarial. Rel. Maurício Pessoa. 19 de dezembro de 2018.

BRASIL. Tribunal de Justiça do Estado de São Paulo. Apelação Cível 1001193-76.2018.8. 26.0010. 2ª Câmara de Direito Privado. Rel. Giffoni Ferreira. 16 de outubro de 2018.

BRASIL. Tribunal de Justiça do Estado de São Paulo. Apelação Cível n. 1123093-18.2016.8.26.0100. 1ª Câmara Reservada de Direito Empresarial. Rel. Hamid Bdine. 19 de junho 2018.

BRASIL. Tribunal de Justiça do Estado de São Paulo. Apelação Cível n. 1062314-34.2015. 8.26.0100. Rel. Francisco Loureiro. 1ª Câmara Reservada de Direito Empresarial. 7 de março 2018.

BRASIL. Tribunal de Justiça do Estado de São Paulo. Apelação Cível n. 1008756-79.2016.8.26.0564. 1ª Câmara Reservada de Direito Empresarial. Rel. Francisco Loureiro. 26 de fevereiro de 2018.

BRASIL. Tribunal de Justiça do Estado de São Paulo. Apelação Cível n. 1003334-53. 2017.8.26.0576. 2ª Câmara Reservada de Direito Empresarial. Rel. Maurício Pessoa. 11 de dezembro de 2017.

BRASIL. Tribunal de Justiça do Estado de São Paulo. Apelação Cível n. 1042809-23.2016. 8.26.0100. 1ª Câmara Reservada de Direito Empresarial. Rel. Cesar Ciampolini. 19 de julho de 2017.

REFERÊNCIAS

BRASIL. Tribunal de Justiça do Estado de São Paulo. Apelação Cível n. 1025395-39.2016.8.26.0576. 1ª Câmara Reservada de Direito Empresarial. Rel. Francisco Loureiro. 4 de novembro de 2016.

BRASIL. Tribunal de Justiça do Estado de São Paulo. Apelação Cível n. 1010093-17.2014.8.26.0001. 1ª Câmara Reservada de Direito Empresarial. Rel. Enio Zuliani. 17 de agosto de 2016.

BRASIL. Tribunal de Justiça do Estado de São Paulo. Agravo Interno no Agravo de Instrumento n. 2131373-67.2016.8.26.0000. Rel. Francisco Loureiro. 1ª Câmara Reservada de Direito Empresarial. 10 de agosto de 2016.

BRASIL. Tribunal de Justiça do Estado de São Paulo. Apelação Cível 1003503-66.2015.8.26.0008. 2ª Câmara de Direito Privado. Rel. Giffoni Ferreira. 20 de junho de 2016.

BRASIL. Tribunal de Justiça do Estado de São Paulo. Apelação Cível n. 0064745-55.2011.8.26.0114. Rel. Maia da Cunha. 1ª Câmara Reservada de Direito Empresarial. 24 de junho de 2015.

BRASIL. Tribunal de Justiça do Estado de São Paulo. Agravo de Instrumento n. 2073806-15.2015.8.26.0000. Rel. Francisco Loureiro. 1ª Câmara Reservada de Direito Empresarial. 24 de junho de 2015.

BRASIL. Tribunal de Justiça do Estado de São Paulo. Apelação Cível n. 1088591-58.2013.8.26.0100. Rel. Ramon Mateo Júnior. 2ª Câmara Reservada de Direito Empresarial. 16 de março de 2015.

BRASIL. Tribunal de Justiça do Estado de São Paulo. Apelação Cível 0111420-17.2008.8.26.0006. 1ª Câmara de Direito Privado. Rel. Alcides Leopoldo. 24 de junho de 2014.

BRASIL. Tribunal de Justiça do Estado de São Paulo. Apelação n. 0130432-60.2007.8.26.0003. 23ª Câmara de Direito Privado. Rel. Sérgio Shimura. 26 de março de 2014.

BRASIL. Tribunal de Justiça do Estado de São Paulo. Apelação n. 0019244-86.2012.8.26.0003. 1ª Câmara Reservada de Direito Empresarial. Rel. Manoel de Queiroz Pereira Calças. 1 de agosto de 2013.

BRASIL. Tribunal de Justiça do Estado de São Paulo. Apelação n. 0030423-95.2004.8.26.0100. 20ª Câmara de Direito Privado. Rel. Luis Carlos de Barros. 13 de maio de 2013.

BRASIL. Tribunal de Justiça do Estado de São Paulo. Apelação n. 0113887-17.2009.8.26.0011. Rel. Reinaldo Caldas. 26ª Câmara. 30 de novembro de 2012.

BRASIL. Tribunal de Justiça do Estado de São Paulo. Apelação n. 9199535-73.2008.8.26.0000. 14ª Câmara de Direito Privado. Rel. Thiago de Siqueira. 8 de fevereiro de 2012.

BRASIL. Tribunal de Justiça do Estado de São Paulo. Apelação n. 9203899882008826. 20ª Câmara de Direito Privado. Rel. Álvaro Torres Júnior. 5 de dezembro de 2011.

BRASIL. Tribunal de Justiça do Estado de São Paulo. Agravo de Instrumento 0207852-14.2011.8.26.0000. Câmara Reservada de Direito Empresarial. Rel. Enio Zuliani. 8 de novembro de 2011.

CONTRATOS DE FRANQUIA: ORIGEM, EVOLUÇÃO LEGISLATIVA E CONTROVÉRSIAS

BRASIL. Tribunal de Justiça do Estado de São Paulo. Apelação n. 991.07.017334-5. 24ª Câmara de Direito Privado. Rel. Gioia Perini. 26 de outubro de 2010.

BRASIL. Tribunal de Justiça do Estado de São Paulo. Apelação Cível 0150287-68. 2006.8.26.0000. 8ª Câmara de Direito Privado. Rel. Ribeiro da Silva. 26 de outubro de 2010.

BRASIL. Tribunal de Justiça do Estado de São Paulo. Apelação n. 991.09.023753-7. 13ª Câmara de Direito Privado. Rel. Luiz Sabbato. 07 de abril de 2010. Voto dissidente do Des. Revisor Cauduro Padin. 7 de abril de 2010. Acórdão transitado em julgado em 21 de junho de 2010.

BRASIL. Tribunal de Justiça do Estado de São Paulo. Apelação n. 7.065.474-5. 22ª Câmara de Direito Privado. Rel. Campos Mello. 4 de novembro de 2009.

BRASIL. Tribunal de Justiça do Estado do Rio Grande do Sul. Apelação Cível n. 70052533130. 20ª Câmara Cível. Rel. Rubem Duarte. 23 de outubro de 2013.

BRASIL. Tribunal de Justiça do Estado do Rio Grande do Sul. Apelação n. 70045060068. 9ª Câmara Cível. Rel. Tasso Caubi Soares Delabary. 24 de novembro de 2011.

BRASIL. Tribunal de Justiça do Estado do Rio Grande do Sul. Apelação n. 70034829481. 10ª Câmara Cível. Rel. Túlio de Oliveira Martins. 27 de maio de 2010.

BRASIL. Tribunal de Justiça do Estado do Rio Grande do Sul. Apelação Cível n. 597023191. Sexta Câmara Cível. Rel. Antônio Janyr dall'Agnol Junior. 18 de março de 1997.

BRASIL. Tribunal de Justiça do Estado do Rio de Janeiro. Apelação Cível n. 0008636-53.2015.8.19.0024. 24ª Câmara Cível. Rel. Geórgia de Carvalho Lima. 31 de janeiro de 2018.

BRASIL. Tribunal de Justiça do Estado de Santa Catarina. Apelação Cível n. 0013843-50.2015.8.24.0038. 5ª Câmara de Direito Comercial. Rel. Jânio Machado. 22 de agosto de 2019.

BRASIL. Tribunal de Justiça do Estado de Santa Catarina. Agravo de Instrumento n. 0010204-74.2018.8.19.0000. 25ª Câmara Cível Consumidor. Rel. Luiz Fernando de Andrade Pinto. 11 de abril de 2018.

BRASIL. Tribunal de Justiça do Estado de Santa Catarina. Apelação Cível n. 2012.070971-0. 2ª Câmara de Direito Comercial. Rel. Luiz Fernando Boller. 17 de março de 2015.

BRASIL. Tribunal de Justiça do Estado de Santa Catarina. Apelação Cível n. 0003956-48.2012.8.19.0212. 9ª Câmara Cível. Rel. Carlos Azeredo de Araújo. 5 de março de 2013.

BRASIL. Tribunal de Justiça do Estado de Santa Catarina. Apelação n. 0140518-28.2006.8.19.0001. 8ª Câmara Cível. Rel. Gilda Carrapatoso. 6 de março de 2012. Acórdão confirmado em 7.8.2013 pelo STJ no Agravo em Recurso Especial n. 302.040.

BRASIL. Tribunal de Justiça do Estado de Santa Catarina. Agravo de Instrumento n. 0025537-13.2011.8.19.0000. 2ª Câmara Cível. Rel. Carlos Eduardo Passos. 27 de julho de 2011.

BRASIL. Tribunal de Justiça do Estado da Bahia. Apelação Cível n. 0512713-78.2013.8.05.0001. 1ª Câmara Cível. Rel. Maria de Lourdes Pinho Medauar. 27 de maio de 2019.

BRASIL. Tribunal de Justiça do Distrito Federal. Apelação Cível n. 0705383-16.2018.8.07.0001. 1ª Turma Cível. Rel. Roberto Freitas. 29 de maio de 2019.